I0131551

Viet Son Nguyen

Caractéristiques des voyelles et consonnes finales Vietnamiennes

Viet Son Nguyen

Caractéristiques des voyelles et consonnes finales Vietnamiennes

Aspects statiques et dynamiques

Presses Académiques Francophones

Impressum / Mentions légales
Bibliografische Information der Deutschen Nationalbibliothek: Die Deutsche Nationalbibliothek verzeichnet diese Publikation in der Deutschen Nationalbibliografie; detaillierte bibliografische Daten sind im Internet über http://dnb.d-nb.de abrufbar.
Alle in diesem Buch genannten Marken und Produktnamen unterliegen warenzeichen-, marken- oder patentrechtlichem Schutz bzw. sind Warenzeichen oder eingetragene Warenzeichen der jeweiligen Inhaber. Die Wiedergabe von Marken, Produktnamen, Gebrauchsnamen, Handelsnamen, Warenbezeichnungen u.s.w. in diesem Werk berechtigt auch ohne besondere Kennzeichnung nicht zu der Annahme, dass solche Namen im Sinne der Warenzeichen- und Markenschutzgesetzgebung als frei zu betrachten wären und daher von jedermann benutzt werden dürften.

Information bibliographique publiée par la Deutsche Nationalbibliothek: La Deutsche Nationalbibliothek inscrit cette publication à la Deutsche Nationalbibliografie; des données bibliographiques détaillées sont disponibles sur internet à l'adresse http://dnb.d-nb.de.
Toutes marques et noms de produits mentionnés dans ce livre demeurent sous la protection des marques, des marques déposées et des brevets, et sont des marques ou des marques déposées de leurs détenteurs respectifs. L'utilisation des marques, noms de produits, noms communs, noms commerciaux, descriptions de produits, etc, même sans qu'ils soient mentionnés de façon particulière dans ce livre ne signifie en aucune façon que ces noms peuvent être utilisés sans restriction à l'égard de la législation pour la protection des marques et des marques déposées et pourraient donc être utilisés par quiconque.

Coverbild / Photo de couverture: www.ingimage.com

Verlag / Editeur:
Presses Académiques Francophones
ist ein Imprint der / est une marque déposée de
AV Akademikerverlag GmbH & Co. KG
Heinrich-Böcking-Str. 6-8, 66121 Saarbrücken, Deutschland / Allemagne
Email: info@presses-academiques.com

Herstellung: siehe letzte Seite /
Impression: voir la dernière page
ISBN: 978-3-8381-7597-3

Copyright / Droit d'auteur © 2012 AV Akademikerverlag GmbH & Co. KG
Alle Rechte vorbehalten. / Tous droits réservés. Saarbrücken 2012

TELECOM-ParisTech

N^0 attribue par la bibliothèque

|_|_|_|_|_|_|_|_|_|

THESE EN CO-TUTELLE INTERNATIONALE
pour obtenir le grade de

DOCTEUR de Telecom-ParisTech
et
De l'Institut Polytechnique de Hanoi

Spécialité : « Signal et Image »

préparée dans le département TSI (Traitement Signaux et Images)
et au Centre de recherche international MICA
(Multimédia, Informations, Communication et Applications)
dans le cadre de **l'Ecole Doctorale**

« Informatique, Télécommunications et Electronique »

présentée et soutenue publiquement
par
NGUYỄN Việt Sơn

le 15 décembre 2009

TITRE

**ETUDE DE CARACTERISTIQUES DE LA LANGUE VIETNAMIENNE EN
VUE DE SA SYNTHESE ET DE SA RECONNAISANCE AUTOMATIQUE.
ASPECTS STATIQUES ET DYNAMIQUES**

Directeurs de thèse : M. Gaël RICHARD et Mme. PHẠM Thị Ngọc Yến
Co-directeurs de thèse : M. René CARRÉ et M. Eric CASTELLI

JURY

M. Yves Laprie	, Président
Mme Jacqueline Vaissière	, Rapporteur
M. Willy Serniclaes	, Rapporteur
Mme Pham Thi Ngoc Yen	, Directeur de thèse
M. Gaël Richard	, Directeur de thèse
M. Eric Castelli	, Co-encadrant
M. René Carré	, Co-encadrant

A ma famille ...

Remerciements

Je commencerai par remercier mes deux directeurs de thèse Monsieur *Gaël Richard* et Madame *Phạm Thị Ngọc Yến* et mes deux co-encadrants de thèse Monsieur *René Carré* et Monsieur *Eric Castelli* pour avoir accepté d'encadrer ce travail. Je remercie chaleureusement Monsieur Gaël Richard pour m'avoir accueilli dans son équipe et pour son aide dévouée. Je remercie aussi vivement Monsieur Eric Castelli pour tous ses conseils et critiques sur le plan scientifique. J'adresse mes remerciements à Monsieur René Carré pour son intense participation à l'orientation de mes travaux de recherche, en tant que co-encadrant.

Un grand remerciement également à Madame Phạm Thị Ngọc Yến, directrice du Centre MICA et directrice du département d'Instrumentation et d'Informatique Industrielle pour son aide dévouée tout au long de mes travaux.

Je tiens à remercier Monsieur Yves Laprie, qui m'a fait l'honneur d'avoir accepté d'être le président du jury. Je souhaite remercier aussi Monsieur Willy Serniclaes et Madame Jacqueline Vaissière, pour avoir accepté d'être les rapporteurs de cette thèse. Leurs remarques pertinentes sur le contenu m'ont permis d'améliorer la qualité de ce document.

Je tiens à remercier chaleureusement Madame Geneviève Caelen-Haumont pour les connaissances scientifiques, les formulations et les expressions transmises pendant les nombreuses discussions que nous avons eues et pour avoir relu et corrigé soigneusement ce mémoire.

Un grand merci également à tous les membres du groupe Théorie des Circuits Electriques (Hoài Linh, Công Phương, Linh Lan, Thị Thảo, etc.) pour leur aide dévouée au cours de mes travaux.

Je tiens à remercier tous les membres de l'équipe TIM du Centre MICA pour leur accueil et leur sympathie. Je remercie mes amis de MICA (Đỗ Đạt, Thị Lan, Thanh Hải, Việt Tùng, Thanh Hiền, Mathias Rossignol, et les autres) avec qui j'ai partagé de grands moments au cours de ma thèse.

Enfin, je voudrais exprimer mes plus profonds remerciements à ma mère et à mon épouse Tuyết Nhung, pour leurs sentiments, leurs soutiens et leurs encouragements durant la préparation de cette thèse.

Figures III

Tableaux VII

1 Introduction 1

2 Phonologie et phonétique vietnamiennes 7

   2.1 Introduction...7

   2.2 Structure de la syllabe et phonèmes du vietnamien 9

      2.2.1 Partie initiale 10

      2.2.2 Partie finale 11

         2.2.2.1 Son médian 11

         2.2.2.2 Son noyau 12

         2.2.2.3 Son final 15

      2.2.3 Les tons 16

   2.3 Comparaison entre le vietnamien, le japonais et l'arabe 17

      2.3.1 Le japonais 17

      2.3.2 L'arabe 19

   2.4 Conclusions du chapitre 20

3 Les voyelles longues et les voyelles brèves dans la langue vietnamienne 21

   3.1 Introduction...21

   3.2 Etudes des caractéristiques acoustiques statiques et dynamiques des voyelles longues et brèves...22

      3.2.1 Corpus vietnamien 22

      3.2.2 Analyse des caractéristiques acoustiques statiques 26

         3.2.2.1 Analyse des formants 26

         3.2.2.2 Analyse de la durée vocalique..27

         3.2.2.3 Analyse de la durée de transition et des semi-voyelles finales.................30

         3.2.2.4 Tests de perception 34

      3.2.3 Analyse des caractéristiques acoustiques dynamiques......................................54

   3.3 Conclusion du chapitre 61

4 Les trois consonnes finales /p, t, k/ 63

   4.1 Introduction...63

   4.2 Etudes des caractéristiques des consonnes finales /p, t, k/..65

4.2.1   Corpus vietnamien 65

4.2.2   Analyse des caractéristiques acoustiques statiques 66

4.2.3   Analyse des caractéristiques acoustiques dynamiques....................................68

4.2.4   Introduction de l'équation du locus 77

4.2.5   Application de l'équation du locus pour les consonnes finales.......................82

      4.2.5.1   Corpus vietnamien 82

      4.2.5.2   L'équation du locus dans le contexte du ton montant..............................83

      4.2.5.3   L'équation du locus dans le contexte du ton montant en fonction des voyelles longues et brèves vietnamiennes 90

      4.2.5.4   L'effet du ton sur l'équation du locus..92

      4.2.5.5   Discussion sur l'équation du locus des consonnes finales.......................97

  4.3   Conclusion du chapitre..99

5   Conclusions et perspectives 103

  5.1   Conclusions 103

  5.2   Perspectives..105

Annexe...109

Bibliograhie 119

FIGURES

Figure 2-1 : Structure phonologique d'une syllabe vietnamienne, d'après [Tran et al., 2005] 9

Figure 2-2 : Représentation dans le plan F1-F2 des formants des voyelles /a/ et /ă/ prononcées isolement, d'après [Castelli and Carré, 2005].......................13

Figure 2-3 : Le ton des deux voyelles /a/ et /ă/ prononcées isolement, d'après [Castelli and Carré, 2005] 14

Figure 2-4 : Représentation dans le domaine temporel de la vitesse de F1 au cour de la transition CV, d'après [Castelli and Carré, 2005].....................14

Figure 2-5 : Les contours de six tons vietnamiens réalisés par une locutrice, d'après [Nguyen, 2002] 17

Figure 2-6 : Durée moyenne des voyelles prononcées avec trois vitesses. Les cercles, triangles et carrés représentent respectivement les vitesses basse, normale et haut. La durée moyenne de la voyelle accentuée et non-accentuée est représentée respectivement par le trait plein et le trait en pointilles, d'après [Hirata, 2004] 18

Figure 2-7 : Taux de la durée de voyelle en fonction de la durée de mot. Les cercles noirs et les cercles blancs représentent les voyelles brèves et les voyelles longues respectivement, d'après [Hirata, 2004] 19

Figure 3-1 : Mesure de la durée de voyelle (Vdur), de la durée de la transition formantique (F1dur, F2dur, F3dur) et les valeurs au début de la transition formantique (F1début, F2début, F3début) dans la syllabe VC2 ou C1VC2.....................25

Figure 3-2 : Mesure de la durée de voyelle (Vdur), de la durée de semi-voyelle finale(Sdur), de la durée de la transition formantique (F1dur, F2dur) et les valeurs au début de la transition formantique (F1début, F2début) dans la syllabe VS ou C1VS.....................25

Figure 3-3 : Représentation sur le plan F1-F2 des deux premiers formants des voyelles vietnamiennes dans le contexte (C1)VC2 des quatre locuteurs natifs M1, M2, M3, M4......................27

Figure 3-4 : Durées moyennes et écarts-types des voyelles vietnamiennes dans les syllabes (C1)VC2 où C1 est la consonne initiale /b/, V est l'une des neuf voyelles /a, ă, ɤ, ɤ̆, ɔ, ɔ̆, ɛ, u, i/, C2 est l'une des trois consonnes finales /p, t, k/.....................28

Figure 3-5 : Durées moyennes et écarts-types des voyelles vietnamiennes dans les syllabes (C1)VS où C1 est la consonne initiale /b/, V est l'une des huit voyelles /a, ă, ɤ, ɤ̆, ɔ, ɛ, u, i/, S est l'une des deux semi-voyelles finales /w, j/.....................29

Figure 3-6 : Comparaisons des durées moyennes et écarts-types des voyelles vietnamiennes dans deux contextes : (C1)VC2 et (C1)VS où C1 est la consonne initiale /b/, V est l'une des neuf voyelles /a, ă, ɤ, ɤ̆, ɔ, ɛ, u, i/, C2 est l'une des trois consonnes finales /p, t, k/, S est l'une des deux semi-voyelles finales /w, j/. La voyelle /ɔ̆/ ne se combine jamais avec les deux semi-voyelles finales /w, j/.....................29

Figure 3-7 : Durées moyennes et écarts-types de la transition VC2 dans les syllabes (C1)VC2 où C1 est la consonne initiale /b/, V est l'une des neuf voyelles /a, ă, ɤ, ɤ̆, ɔ, ɔ̆, ɛ, u, i/, C2 est l'une des trois consonnes finales /p, t, k/. La voyelle /ɔ̆/ ne se combine jamais avec les deux consonnes finales /p/ et /t/.....................31

Figure 3-8 : Durées moyennes et écarts-types de la transition VS dans les syllabes (C1)VS où C1 est la consonne initial /b/, V est l'une des huit voyelles /a, ă, ɤ, ɤ̆, ɔ, ɛ, u, i/, S est l'une des deux semi-voyelles finales /w, j/.....................31

Figure 3-9 : Durées moyennes et écarts-types de la partie finale VS dans les syllabes (C1)VS où C1 est la consonne initiale /b/, V est l'une des huit voyelles /a, ă, ɤ, ɤ̆, ɔ, i, ɛ, u/, S est l'une des deux semi-voyelles finales /w, j/.....................33

Figure 3-10 : Rapport de la durée de la voyelle V, de la durée de la transition VS et de la durée de la semi-voyelle finale S sur la durée totale de la partie finale VS en fonction des voyelles longues et brèves où V est l'une des huit voyelles /a, ă, ɤ, ɤ̆, ɔ, i, ɛ, u/ et S est l'une des deux semi-voyelles finales /w, j/.....................33

Figure 3-11 : Test de perception de la voyelle /a/ dans le contexte de la syllabe /a-t/. La voyelle /a/ est synthétisée avec une durée initiale de 200 ms : les formants commandés dans (a), le signal synthétisé et les trois premiers formants mesurés dans (b) 35

Figure 3-12 : Seuil temporel de perception de la frontière entre voyelle longue et voyelle brève dans le contexte VC où C est la consonne finale /t/ ou /k/, V est l'une des trois voyelles /a/, /ɤ/ et /ɔ/. Les valeurs moyennes sont calculées pour cinq auditeurs (H), pour cinq auditrices (F) et pour dix auditeurs (H - F). 36*

Figure 3-13 : Seuil temporel de perception de la frontière entre voyelle longue et voyelle brève dans le contexte VC où C est la consonne finale /t/ ou /k/, V est l'une des trois voyelles /a/, /ɤ/ et /ɔ/ pour chaque auditeur et auditrice : la série des voyelles /a, ă/ dans (a), la série des voyelles /ɤ, ɤ̆/ dans (b) et la série des voyelles /ɔ, ɔ̆/ dans (c) 37*

Figure 3-14 : Test de perception dans le contexte de la syllabe V1V2 où V1 est la voyelle /a/ (100 ms), et V2 est la voyelle /i/ (100ms), et la durée de la transition V1V2 est 50 ms : les formants commandés dans (a), le signal synthétisé et les trois premiers formants mesures dans (b) 38*

Figure 3-15 : Test de perception pour la durée de la transition V1V2 dans le contexte des syllabes V1V2 .... 39*

Figure 3-16 : Transition vocalique synthétisée et voyelles perçues (triangle schématique vocalique du vietnamien) 41*

Figure 3-17 : Résultats des tests de perception des auditeurs (hommes et femmes) pour la durée de la voyelle V1 et V2 dans le contexte V1V2 où V1 est la voyelle /a/, V2 est la voyelle /i/ : (a) pour /a-i/, (b) pour /aj/ et (c) pour /ăj/ 46*

Figure 3-18 : Les résultats des tests de perception des auditeurs (hommes et femmes) pour la durée de la voyelle V1 et V2 dans le contexte V1V2 où V1 est la voyelle /a/, V2 est la voyelle /ɔ/ : (a) pour /a-ɔ/, (b) pour /aw/, (c) pour /ăw/ et (d) pour NAK 49*

Figure 3-19 : Résultats des tests de perception des auditeurs (hommes et femmes) pour la durée de la voyelle V1 et V2 dans le contexte V1V2 où V1 est la voyelle /ɤ/, V2 est la voyelle /i/ : (a) pour /ɤ-i/, (b) pour /ɤj/, (c) pour /ɤ̆j/ 52*

Figure 3-20 : Valeurs au début de la transition formantique des trois consonnes finales /p, t, k/ dans un contexte des voyelles précédentes différentes /a, ă, ɔ, ɔ̆, ɤ, ɤ̆, u, i/ : F1-F2 dans (a), F2-F3 dans (b) 56*

Figure 3-21 : Comparaison des pentes des transitions formantiques F1, F2, F3 de la série de voyelles /a-ă/ dans un même contexte de consonne finale : /p/ dans (a), /t/ dans (b) et /k/ dans (c). Les pentes et écarts-types sont calculées pour toutes les productions (C1)VC2 des quatre locuteurs 58*

Figure 3-22 : Comparaison des pentes des transitions formantiques F1, F2, F3 de la série de voyelles /a-ă/ dans un même contexte de semi-voyelle finale : /w/ dans (a) et /j/ dans (b). Les pentes sont calculées pour toutes les productions (C1)VS des quatre locuteurs 58*

Figure 4-1 : Durées moyennes et écarts-types des voyelles dans les syllabes (C1)VC2 où C1 est la consonne initiale /b/, V est l'une des douze voyelles /a, ă, ɤ, ɤ̆, ɔ, ɔ̆, i, u, e, o, ε, ɯ/, C2 est l'une des trois consonnes finales /p, t, k/ 67*

Figure 4-2 : Durées moyennes et écarts-types de la transition formantique VC2 dans les syllabes (C1)VC2 où C1 est la consonne initiale /b/, V est l'une des douze voyelles /a, ă, ɤ, ɤ̆, ɔ, ɔ̆, i, u, e, o, ε, ɯ/, C2 est l'une des trois consonnes finales /p, t, k/ 68*

Figure 4-3 : Comparaison des pentes des transitions formantiques F1, F2, F3 des trois consonnes finales /p, t, k/ dans un même contexte d'une voyelle précédente : /a/ dans (a), /i/ dans (b) et /u/ dans (c). Les pentes et les écarts-types sont calculés pour toutes les productions (C1)VC2 des quatre locuteurs 70*

Figure 4-4 : Tests de perception des trois consonnes finales /p, t, k/. Une syllabe vietnamienne VC est synthétisée où V est la voyelle /a/ longue, la consonne finale C est synthétisée sans relâchement et avec une variation de la pente des transitions formantiques : les formants commandés dans (a), le signal synthétisé et les trois premiers formants mesurés dans (b) 72*

Figure 4-5 : Distribution des valeurs à la fin des deux formants (F2fin et F3fin) sur le plan de F2 / F3 dans les tests de perception des trois consonnes finales /p, t, k/ : les points jaunes sont les valeurs à la fin de l'évolution des deux formants F2, F3(F2fin et F3fin), la ligne bleue et la ligne rouge sont les frontières des valeurs de l'évolution de F2fin et de F3fin. 73*

Figure 4-6 : Résultats des tests de perception des dix auditeurs vietnamiens pour la pente des transitions formantiques F2 et F3 dans le contexte VC : (a) pour la consonne /p/, (b) pour la consonne /t/ et (c) pour la consonne /k/...76

Figure 4-7 : Equation du locus du locuteur M3 pour l'occlusive finale /p/...85

Figure 4-8 : Equation du locus moyenne obtenue à partir de huit locuteurs vietnamiens pour les trois consonnes finales occlusives : /p/ dans (a), /t/ dans (b) et /k/ dans (c)..............................86

Figure 4-9 : Espace d'équation du locus pour les trois consonnes finales occlusives /p, t, k/ pour chacun des huit locuteurs vietnamiens (un symbole par locuteur ou locutrice)..............87

Figure 4-10 : Equation du locus calculée à propose de la consonne finale occlusive /k/ avec les voyelles postérieures dans (a) et avec les voyelles antérieures dans (b) pour les locuteurs 88

Figure 4-11 : Espace d'équation du locus calculé pour chacun des huit locuteurs vietnamiens (un symbole par locuteur ou locutrice) à propos des consonnes finales occlusives /p/, /t/, /k/ avec les voyelles antérieures et /k/ avec les voyelles postérieures 89

Figure 4-12 : Equation du locus du locuteur M3 pour l'occlusive finale /p/ dans le contexte du ton grave..93

Figure 4-13 : Equation du locus moyenne obtenue à partir de cinq locuteurs vietnamiens pour les trois occlusives finales dans le contexte du ton grave : /p/ dans (a), /t/ dans (b) et /k/ dans (c) pour cinq locuteurs..94

Figure 4-14 : Espace de l'équation du locus des trois occlusives finales /p, t, k/ dans le contexte du ton grave pour chacun des cinq locuteurs vietnamiens (un symbole par locuteur ou locutrice) 94

Figure 4-15 : Espace d'équation du locus des occlusives finales dans le contexte du ton grave pour les cinq locuteurs : /p/, /t/, /k/ avec les voyelles antérieures et /k/ avec les voyelles postérieures 96

TABLEAUX

Tableau 2-1 : Les vingt deux consonnes initiales du vietnamien...*10*

Tableau 2-2 : Lieu et mode d'articulation des consonnes vietnamiennes, d'après [Doan, 1999 ; Nguyen, 2007]...*10*

Tableau 2-3 : Le son médian du vietnamien, d'après [Doan, 1999 ; Nguyen, 2007]............................*12*

Tableau 2-4 : Lieu d'articulation des voyelles du vietnamien, d'après [Doan, 1999 ; Nguyen, 2007]..12

Tableau 2-5 : Les sons noyau, d'après [Hoang and Hoang, 1975 ; Doan, 1999 ; Nguyen, 2007]........*13*

Tableau 2-6 : Les huit sons finaux (consonnes et semi-voyelles), d'après [Doan, 1999 ; Nguyen, 2007]...*15*

Tableau 2-7 : Lieu et mode d'articulation des consonnes finales vietnamiennes, d'après [Doan, 1999]...*15*

Tableau 2-8 : Les six tons vietnamiens, d'après [Doan, 1999 ; Nguyen, 2007]...................................*16*

Tableau 3-1 : L'ensemble des combinaisons possibles entre les dix voyelles et les cinq sons finaux. Le signe « + » signifie que la combinaison est possible, le signe « - » signifie qu'elle n'existe pas en vietnamien...*23*

Tableau 3-2 : Test de perception pour la durée de la transition V1V2 où V1 est la voyelle /a/, V2 est la voyelle /i/. Les résultats moyens sont calculés pour cinq auditeurs vietnamiens............*39*

Tableau 3-3 : Test de perception pour la durée de la transition V1V2 où V1 est la voyelle /a/, V2 est la voyelle /i/. Les résultats moyens sont calculés pour cinq auditrices vietnamiennes............*40*

Tableau 3-4 : Test de perception pour la durée de la transition V1V2 où V1 est la voyelle /a/, V2 est la voyelle /i/. Les résultats moyens sont calculés pour dix auditeurs vietnamiens (cinq hommes et cinq femmes)...*40*

Tableau 3-5 : Test de perception pour la durée de la transition V1V2 où V1 est la voyelle /a/, V2 est la voyelle /ɔ/. Les résultats moyens sont calculés pour dix auditeurs vietnamiens (cinq hommes et cinq femmes)...*42*

Tableau 3-6 : Test de perception pour la durée de la transition V1V2 où V1 est la voyelle /ɤ/, V2 est la voyelle /i/. Les résultats moyens sont calculés pour dix auditeurs vietnamiens (cinq hommes et cinq femmes)...*42*

Tableau 3-7 : Test de perception pour la durée de la voyelle V1 et V2 dans le contexte V1V2 où V1 est la voyelle /a/, V2 est la voyelle /i/. Les résultats moyens sont calculés pour dix auditeurs vietnamiens (cinq hommes et cinq femmes)..*44*

Tableau 3-8 : Principaux résultats des tests de perception pour les syllabes /aj/ et /ăj/. Les résultats moyens sont calculés pour dix auditeurs vietnamiens (cinq hommes et cinq femmes).....*45*

Tableau 3-9 : Comparaison des principaux résultats des tests de perception entre les auditeurs et les auditrices pour les syllabes /aj/ et /ăj/...*47*

Tableau 3-10 : Test de perception pour la durée de la voyelle V1 et V2 dans le contexte V1V2 où V1 est la voyelle /a/, V2 est la voyelle /ɔ/. Les résultats moyens sont calculés pour dix auditeurs vietnamiens (cinq hommes et cinq femmes)..*48*

Tableau 3-11 : Principaux résultats des tests de perception pour les syllabes /aw/ et /ăw/. Les résultats moyens sont calculés pour dix auditeurs (cinq hommes et cinq femmes) vietnamiens.....*49*

Tableau 3-12 : Comparaison des principaux résultats des tests de perception entre les auditeurs et auditrices pour les syllabes /aw/ et /ăw/...*50*

Tableau 3-13 : Test de perception pour la durée de la voyelle V1 etV2 dans le contexte V1V2 où V1 est la voyelle /ɤ/, V2 est la voyelle /i/. Les résultats moyens sont calculés pour dix auditeurs (cinq hommes et cinq femmes) vietnamiens..*51*

Tableau 3-14 : Principaux résultats des tests de perception pour les syllabes /ɤj/ et /ɤ̆j/. Les résultats moyens sont calculés pour dix auditeurs (cinq hommes et cinq femmes) vietnamiens.....*52*

Tableau 3-15 : Comparaison des principaux résultats des tests de perception entre les auditeurs et les auditrices pour les syllabes /ɤj/ et /ɤ̆j/..*53*

Tableau 3-16 : Comparaison du taux de reconnaissance correcte des séries des voyelles /a, ă/ et /ɤ, ɤ̆/ en fonction du contexte des semi-voyelles finales /w/ et /j/. Les valeurs moyennes sont calculées pour les dix auditeurs (cinq hommes et cinq femmes) vietnamiens..................*54*

Tableau 3-17 : Valeurs des pentes des transitions formantiques F1, F2, F3 (Hz/ms) (les valeurs moyennes et écarts-types(e.t.) pour quatre locuteurs) dans les productions (C1)VC2 où C1 est la consonne initiale /b/, V est l'une des six voyelles /a, ă, ɤ, ɤ̆, ɔ, ɔ̆/ et C2 est l'une des trois consonnes finales /p, t, k/ 57*

Tableau 3-18 : Valeurs des pentes des transitions formantiques F1, F2, F3 (Hz/ms) (les valeurs moyennes et écarts-types (e.t.) pour quatre locuteurs) dans les productions (C1)VS où C1 est la consonne initiale /b/, V est l'une des six voyelles /a, ă, ɤ, ɤ̆/ et S est l'une des deux semi-voyelles finales /w, j/ 57*

*Tableau 3-19 : Tests ANOVA (p-valeur et F-statistique) des pentes de transition formantique en comparant les séries des voyelles longues et brèves dans un même contexte de consonne finale. * = p-valeur < 0.05, ** = p-valeur < 0.01, *** = p-valeur < 0.005, **** = p-valeur < 0.001 et ns = non significatif* 60*

*Tableau 3-20 : Tests ANOVA (p-valeur et F-statistique) des pentes de transition formantique en comparant les séries des voyelles longues et brèves dans un même contexte de semi-voyelle finale. * = p-valeur < 0.05, ** = p-valeur < 0.01, *** = p-valeur < 0.005, **** = p-valeur < 0.001 et ns = non significatif* 60*

*Tableau 3-21 : Tests ANOVA (p-valeur et F-statistique) des pentes de transition formantique en comparant la paire de voyelle longue - brève /a-ă/ dans un même contexte des consonnes finales /p, t, k/ pour chaque locuteur. * = p-valeur < 0.05, ** = p-valeur < 0.01, *** = p-valeur < 0.005, **** = p-valeur < 0.001 et ns = non significatif* 60*

Tableau 4-1 : Ensemble des combinaisons possibles entre les trois voyelles /o, e, ɯ/ et les trois consonnes finales /p, t, k/. Le signe « + » signifie que la combinaison est possible, le signe « - » signifie qu'elle n'existe pas 66*

Tableau 4-2 : Valeurs des pentes des transitions formantiques F1, F2, F3 (Hz/ms) (valeur moyenne et écart-type (e.t.) pour quatre locuteurs) de toutes les productions possibles (C1)VC2 où C1 est la consonne initiale /b/, V est l'une des douze voyelles /a, ă, ɤ, ɤ̆, ɔ, ɔ̆, i, u, o, e, ɯ, ɛ/ et C2 est l'une des trois consonnes finales /p, t, k/ 69*

*Tableau 4-3 : Tests ANOVA (p-valeur et F-statistique) de la pente des transitions formantiques en comparant les trois consonnes finales vietnamiennes /p, t, k/ dans un même contexte d'une voyelle précédente. * = le test est significatif au seuil de 0.05, ** = le test est significatif au seuil de 0.01, *** = le test est significatif au seuil de 0.005, **** = le test est significatif au seuil de 0.001 et ns = non significatif* 71*

Tableau 4-4 : Test de perception pour la pente des transitions formantiques F2 et F3 dans le contexte VC. Les taux moyens de reconnaissance correcte sont calculés pour les dix auditeurs vietnamiens 74*

Tableau 4-5 : Principaux résultats des tests de perception pour la pente des transitions formantiques F2 et F3 dans le contexte VC. Les taux moyens de reconnaissance correcte sont calculés pour les dix auditeurs vietnamiens 75*

Tableau 4-6 : Comparaison des principaux résultats des tests de perception entre les auditeurs et les auditrices pour la pente des transitions formantiques F2 et F3 dans le contexte VC 77*

Tableau 4-7 : Lieu et mode d'articulation des consonnes finales vietnamiennes, d'après [Doan, 1999 ; Nguyen, 2007] 81*

Tableau 4-8 : Pente (a), ordonnée à l'origine (b), R² et SE pour huit locuteurs vietnamiens 84*

Tableau 4-9 : Erreurs types d'estimation (SE) pour les langues différentes. Les cinq premières lignes concernent les consonnes initiales ; la ligne dernière (nos résultats) concerne les consonnes finales 86*

Tableau 4-10 : Pente (a), ordonnée à l'origine (b), R² et SE pour la consonne vélaire /k/ dans le contexte des voyelles antérieures et postérieures 88*

*Tableau 4-11 : Résultats des tests Bonferroni sur les différences entre les consonnes finales occlusives en fonction de la valeur moyenne de la pente et de la valeur moyenne de l'ordonnée à l'origine. * = le test-T est significatif au seuil de 0.05 ; ** = le test-T est significatif au seuil de 0.01 ; ns = non significatif* 90*

Tableau 4-12 : Pente (a), ordonnée à l'origine (b), R² et SE de la consonne labiale /p/ dans le contexte des voyelles longues et des voyelles brèves 91*

Tableau 4-13 : Pente (a), ordonnée à l'origine (b), R² et SE de la consonne labiale /t/ dans le contexte des voyelles longues et des voyelles brèves 91*

Tableau 4-14 : Pente (a), ordonnée à l'origine (b), R² et SE de la consonne labiale /k/ dans le contexte des voyelles longues et des voyelles brèves 92*

Tableau 4-15 : Pente (a), ordonnée à l'origine (b), R^2 et SE dans le corpus du ton grave pour cinq locuteurs vietnamiens...*92*

Tableau 4-16 : Pente (a) et ordonnée à l'origine (b) des occlusives : labiales et dentales dans deux contextes du ton différent : ton montant et ton grave..*96*

Tableau 4-17 : Pente (a), ordonnée à l'origine (b), R^2 et SE pour la consonne finale vélaire /k/ avec les voyelles antérieures et les voyelles postérieures dans le contexte du ton grave..............*96*

Tableau 4-18 : Résultats des tests Bonferroni sur les différences entre les consonnes finales occlusives dans le contexte du ton grave en fonction de la valeur moyenne de la pente et de la valeur moyenne de l'ordonnée à l'origine. * = le test-T est significatif au seuil de 0.05 ; ** = le test-T est significatif au seuil de 0.01 ; ns = non significatif...........................*97*

Tableau 4-19 : Pente et ordonnée à l'origine des consonnes occlusives pour les langues différentes. Les six premières lignes concernent les occlusives initiales, la dernière ligne (nos résultats) pour les occlusives finales...*98*

1 INTRODUCTION

La parole constitue le moyen le plus naturel de communiquer entre deux personnes. De plus, avec les progrès de l'électronique et de l'informatique, des machines perfectionnées envahissent le quotidien de l'être humain et ce dernier veut aussi utiliser ce moyen le plus naturel (la communication parlée) pour interagir avec ces machines.

Cette communication orale permet, en effet, de commander plus facilement certaines applications complexes en libérant les mains et la vue pour d'autres activités. Dans le domaine des télécommunications, il est courant maintenant d'être confronté à des systèmes de répondeurs automatiques sans humain, réalisant des interactions homme-machine au moyen de la parole : répondeur téléphonique des opérateurs de téléphonie mobile, interrogation de comptes bancaires, commandes en directe dans les sociétés de vente par correspondance, etc.

La synthèse et la reconnaissance de la parole sont deux composantes fondamentales de ces interactions langagières. Les systèmes de synthèse de la parole ont été étudiés et développés depuis longtemps pour les langues occidentales en particulier. Après plusieurs années de développement, d'énormes efforts dans de nombreux domaines tels que le traitement du signal, la linguistique, la phonétique, les mathématiques et les statistiques ont permis de proposer de nombreuses techniques de synthèse différentes et la qualité de la parole synthétique s'est progressivement améliorée. Aujourd'hui, le parole synthétique est de très bonne qualité (proche de la parole humaine) et les travaux en synthèse de la parole se concentrent principalement sur l'amélioration du naturel de la parole synthétique [Keller et al., 2002].

Les systèmes de reconnaissance de la parole se sont développés eux aussi rapidement depuis les vingt-cinq dernières années. Ils ont évolué depuis les petits systèmes de reconnaissance de mots isolés et petits dictionnaires jusqu'à des systèmes beaucoup plus performants capables de reconnaître de la parole continue pour de grands vocabulaires. Cependant, les systèmes les plus souvent étudiés ont été réalisés essentiellement pour les langues occidentales comme l'anglais, le français, l'allemand, l'italien, ou l'espagnol [Barnett et al., 1995].

De nos jours, les activités de recherche sur la reconnaissance de la parole tendent à s'internationaliser, car tous les pays souhaitent posséder la technologie et le savoir-faire pour reconnaitre automatiquement leur langue maternelle. De plus, avec la mondialisation et les facilités actuelles pour communiquer entre les pays, même si ceux-ci sont très éloignés géographiquement, des systèmes multilingues sont de plus en plus développés associant alors des modules de reconnaissance de la parole à des modules de traduction automatique.

Pour la langue vietnamienne, qui est utilisée par plus de 90 millions de personnes au Vietnam et à l'étranger, les études sur le traitement de la parole n'ont commencé à être mises en œuvre que très récemment. Le traitement de la parole en vietnamien peut certainement profiter des résultats obtenus dans d'autres langues telles que le français, l'anglais, le japonais et surtout le chinois (qui est proche du vietnamien). Cependant, chaque langue présente des caractéristiques linguistiques et acoustiques propres : une simple adaptation à une nouvelle langue cible de techniques déjà développées, appliquées et validées pour d'autres langues n'est pas suffisante pour assurer en synthèse et en reconnaissance une bonne application à cette langue cible.

L'élaboration de systèmes de synthèse ou de reconnaissance de la parole nécessite des connaissances principalement dans deux domaines : linguistique-phonétique et traitement du signal. Mais, jusqu'à présent, à notre connaissance, il n'y a pas eu de recherches approfondies, accessible au niveau international de type acoustico-phonétique sur la langue vietnamienne.

La langue vietnamienne a des origines communes avec d'autres langues d'Asie du sud mais bien entendu elle a évolué de manière indépendante. C'est une langue tonale, monosyllabique présentant six tons (cf. Chapitre 2, paragraphe 2.2.3). Le vietnamien est habituellement divisé en trois dialectes correspondant aux trois régions Nord, Centre et Sud. Parmi ces trois dialectes, celui du Nord (dialecte de Hanoi, précisément) est considéré comme le dialecte standard. Depuis la deuxième moitié du siècle dernier, les résultats de recherche des linguistes [Haudricourt, 1952, 1953, 1954 ; Thompson, 1965 ; Doan, 1999 ; Nguyen, 2007] ont permis de caractériser le système phonétique vietnamien. Récemment, les chercheurs ont étudié acoustiquement certains phénomènes spécifiques de la langue vietnamienne tels que les tons. Comme études, nous pouvons citer à propos des tons vietnamiens, des travaux sur les caractéristiques statiques [Vu, 1982 ; Nguyen, 2002 ; Tran, 2007], et sur leurs caractéristiques dynamiques [Han and Kim, 1974 ; Doan, 1999 ; Brunelle, 2003 ; Brunelle and Jannedy, 2007 ; Nguyen, 2007 ; Tran, 2007 ; Brunelle, 2008, 2009], etc. En revanche, concernant les oppositions voyelles longues / brèves, dans leur relations contextuelles avec les trois consonnes finales /p, t, k/, à notre connaissance, il y a très peu d'études approfondies.

Jusqu'à présent, les linguistes vietnamiens [Hoang and Hoang, 1975 ; Doan, 1999 ; Nguyen, 2007] ont confirmé que le vietnamien moderne présente treize voyelles /a, ɛ, e, i, ɔ, o, ɤ, u, ɯ, ă, ˇɤ, ˇɛ, ˇɔ/ et parmi celles-ci, quatre séries de voyelles longues et brèves /a, ă/, /ɤ, ˇɤ/, /ɛ, ˇɛ/ et /ɔ, ˇɔ/.

Il est bon de souligner que les quatre voyelles brèves vietnamiennes /ă/, /ˇɤ/, /ˇɛ/, /ˇɔ/ n'existent pas en syllabe ouverte et qu'elles n'apparaissent jamais isolément. Elles ont toujours besoin d'un son final (consonne ou semi-voyelle). Ces linguistes ont par ailleurs confirmé que ces quatre voyelles brèves ont les mêmes caractéristiques acoustiques (les trois premiers formants F1, F2, F3) que leurs correspondantes longues /a/, /ɤ/, /ɛ/, /ɔ/, respectivement, mais avec des durées toujours plus brèves.

Un travail récent de [Castelli and Carré, 2005] a aussi montré que :

- les deux voyelles brèves /ă/ et /ˇɤ/ sont prononcées difficilement en isolation (avec un pitch monotone) ;
- dans le contexte consonne - voyelle (CV), les voyelles brèves /ă/ et /ˇɤ/ sont distinctes des voyelles longues /a/ et /ɤ/ par la vitesse de transition CV.

Toutefois, tous ces résultats sur les caractéristiques acoustiques statiques (valeurs de formants, durée de voyelle) et dynamiques (vitesse de transition CV) ne se sont pas révélés suffisants, dans le cas des quatre séries des voyelles longues et brèves, pour permettre aux linguistes d'expliquer de manière claire et satisfaisante comment une voyelle brève s'articule avec le son final. Par ailleurs, ces résultats ne permettent pas d'estimer le rôle essentiel du son final dans l'articulation des voyelles brèves.

Rappelons ici qu'il existe deux approches pour représenter les voyelles :

- l'approche statique ;
- l'approche dynamique.

Les études précédentes ont indiqué que les deux premiers formants mesurés dans la partie quasi-stable d'une voyelle jouent un rôle important dans leur caractérisation (l'approche statique, la théorie de la « *vowel target* ») [Joos, 1948 ; Delattre et al., 1952]. Articulatoirement, la « *vowel target* » représente la forme statique du conduit vocal atteinte par les positions différentes de la langue, de la mâchoire et des lèvres. Acoustiquement, la « *vowel target* » se présente comme les points dans un espace acoustique par les valeurs des deux premiers formants F1 / F2.

Néanmoins, les formants d'une même voyelle prononcée par des locuteurs différents, dans plusieurs contextes avec vitesses différentes et accents toniques différents sont soumis à une grande variabilité [Joos, 1948 ; Peterson and Barney, 1952 ; Lindblom, 1963b ; Stevens and House, 1963] :

- les études de [Peterson and Barney, 1952 ; Strange et al., 1976] précisent que la variabilité des formants des voyelles est considérable même si elles sont prononcées par des locuteurs de même sexe et de même âge ;

- en étudiant l'effet de la vitesse de la parole et de l'accent tonique sur les formants, [Joos, 1948 ; Koopmans-van Beinum, 1980] ont montré que les formants des voyelles inaccentuées ou des voyelles exprimées dans la parole rapide se déplacent vers la position centrale du plan F1-F2 (effet de centralisation) ; mais, les résultats présentés dans [Stevens and House, 1963 ; Moon and Lindblom, 1994] ont indiqué que les formants des voyelles se déplacent en fonction de leur contexte (assimilation contextuelle) ;
- concernant la variabilité des formants de voyelles, [Joos, 1948 ; Peterson and Barney, 1952 ; Stevens and House, 1963] ont également affirmé que des voyelles différentes peuvent être caractérisées par des valeurs identiques de leurs deux premiers formants.

Ces résultats par l'approche statique sont donc incomplets : l'approche statique est insuffisante. Il nous faut extraire d'une autre approche les informations manquantes. Du fait donc que les valeurs statiques des formants ne permettent pas de discriminer totalement les voyelles, une autre approche, de type dynamique, a été étudiée.

Dans cette dernière approche, les variations des formants liées aux phénomènes de coarticulation dans les contextes CV (représentés par les transitions des formants) peuvent apporter des caractéristiques essentielles aux voyelles [Strange et al., 1983 ; Strange, 1989a]. Lindblom and Studdert-Kennedy ont montré que les voyelles sont mieux catégorisées si elles sont présentées dans un contexte de semi-voyelle au lieu d'être isolées (« *perceptual overshoot* ») [Lindblom and Studdert-Kennedy, 1967]. Ce phénomène a été également confirmé dans le contexte des consonnes occlusives [Nearey, 1989]. Strange a proposé une explication de la spécification dynamique des voyelles en déclarant même que les voyelles en parole continue sont mieux identifiées par la coarticulation avec leur contexte que par leur information intrinsèque [Strange, 1989b, a].

Retournons au problème des voyelles longues et brèves en vietnamien : le fait d'avoir toujours besoin d'une partie finale dans l'articulation des voyelles brèves nous conduit à penser que la différence entre les voyelles longues et brèves n'est pas qu'un simple problème de durée. En effet, il est toujours possible de prononcer, articulatoirement, n'importe quelle voyelle d'une manière plus brève. Or, si la différence entre les voyelles longues et les voyelles brèves n'était liée qu'au seul problème de durée, le système ne serait pas concerné et la difficulté de prononcer en isolation les voyelles brèves viendrait seulement des locuteurs !

Ces résultats et ces considérations, avec d'une part la présence consistante de la partie finale dans l'articulation des voyelles brèves du vietnamien, et d'autre part, les premiers résultats d'analyse de la vitesse en mode dynamique [Castelli and Carré, 2005], nous conduisent à faire le tour de la question en étudiant systématiquement les caractéristiques acoustiques statiques et aussi dynamiques lors de la production des voyelles brèves avec leurs environnements : voyelle brève, transition, et son final.

Concernant les trois consonnes finales occlusives /p, t, k/ du vietnamien, contrairement aux consonnes en position initiale, elles possèdent une caractéristique spécifique : elles se terminent par un silence sans relâchement. En jouant le rôle de son final, ces trois occlusives sont donc reconnues dans la mesure seulement où elles modifient la fin du son noyau (voyelle principale dans une syllabe). Ainsi les modifications de directions des formants à la fin du son noyau sont considérées comme seules caractéristiques pour les reconnaître [Doan, 1999].

Rappelons ici qu'inversement et contrairement à [Cooper et al., 1952], Dorman a montré que si le poids perceptif du relâchement est important, celui de la transition est faible [Dorman et al., 1977]. Le débat autour des occlusives finales /p, t, k/ qui se terminent par un silence sans relâchement est dans ce contexte intéressant. Si la transition des formants est un bon paramètre, l'approche dynamique (avec spécifications dynamiques des transitions) sera considérée comme une bonne méthode d'approche de ces trois consonnes.

Concernant les études sur les transitions formantiques qui sont considérés comme des indices de perception de plusieurs consonnes, nous pouvons citer ici les études de [Lisker, 1957], de [Liberman et al., 1954] et de [Harris et al., 1958]. En 1954, Liberman a traité la transition formantique de F2 comme un signal pour les consonnes occlusives. Il a également présenté le rôle de la transition formantique de F3 dans la perception des consonnes, mais celui-ci est moins important que pour la transition formantique de F2 [Liberman et al., 1954]. En 1957, Lisker, dans son étude les indices de perception pour les consonnes /w, j, r, l/, a conclu que la transition formantique de F3 est un bon paramètre pour distinguer les deux consonnes /r/ et /l/ [Lisker, 1957]. En étudiant les trois consonnes occlusives sonores /b, d, g/, [Harris et al., 1958] a montré que la transition formantique de F3 est un bon paramètre pour distinguer les deux consonnes /d/ et /g/.

Comme les caractéristiques statiques et dynamiques des trois occlusives finales /p, t, k/ en vietnamien n'ont pas encore fait l'objet d'un travail approfondi, leur étude nous aidera à approfondir le rôle respectif des aspects statiques (comme les valeurs offsets) et dynamiques (comme les pentes des transitions).

Comme on le comprend désormais, le travail présenté dans le cadre de cette thèse vise à étudier de manière approfondie les caractéristiques des voyelles longues et brèves et des consonnes finales, en langue vietnamienne d'un point de vue non seulement statique mais aussi dynamique, en calculant en particulier les vitesses de transition formantique. Une analyse d'ensemble des structures (C1)V1C2, avec les trois consonnes finales /p, t, k/ et (C1)VS, les voyelles prises en compte étant les voyelles longues et les voyelles brèves correspondantes doit nous permettre la mise en évidence des caractéristiques spécifiques qui seront ensuit testées en synthèse.

Après ce premier chapitre d'introduction, nous avons organisé notre mémoire de thèse de la manière suivante :

- le chapitre 2 de ce manuscrit est consacré à la présentation des connaissances fondamentales en matière de phonologie et de phonétique vietnamiennes, ainsi qu'à des comparaisons entre le vietnamien, le japonais et l'arabe ; ces connaissances seront utiles pour nous car elles nous permettent d'évaluer les caractéristiques des oppositions entre les quatre séries des voyelles longues et brèves, et également les caractéristiques des trois consonnes finales occlusives /p, t, k/ ;

- le chapitre 3 détaille les études que nous avons effectuées sur les caractéristiques acoustiques statiques et dynamiques des quatre séries des voyelles longues et brèves ; un corpus de dix voyelles est construit avec quatre locuteurs parlant la langue standard du Vietnam ; des analyses de formants, de durée de voyelles, de transition voyelle - consonne (VC) et voyelle - semi-voyelle (VS), de valeurs au début de la transition formantique (VC et VS) et de pente de transitions formantiques VC et VS sont réalisées sur ce corpus ; ces résultats sont également soumis à des tests de perception et des tests statistiques ;

- le chapitre 4 aborde tout d'abord le thème des caractéristiques acoustiques statiques (durée de la voyelle courante, durée de la transition VC) et dynamiques (pente des transitions formantiques VC) des occlusives finales /p, t, k/ ; on décrit un corpus de douze voyelles combinées à ces trois consonnes enregistré par quatre locuteurs ; les résultats des mesures sont ensuite évalués grâce à des tests statistiques et des tests de perception ; ce chapitre est ensuite consacré à la présentation de l'application de l'équation du locus aux études des occlusives /p, t, k/ en position finale ; pour ce faire, un corpus avec ton montant et un autre avec ton grave ont été construits avec huit locuteurs vietnamiens (quatre hommes et quatre femmes) ; on calcule plusieurs équations du locus obtenues pour la transition VC dans plusieurs contextes différents : ton montant / ton grave et groupes allophoniques : postérieur / antérieur et long / bref ; les valeurs sont comparées avec celles obtenues sur la transition CV pour plusieurs langues du monde ;

- le mémoire se termine, chapitre 5, par le bilan de nos travaux et par les perspectives que nous envisageons de développer par la suite.

Les trois annexes à la fin de ce mémoire détaillent :

- la théorie principale des tests statistiques ANOVA / MANOVA (Annexe 1) ;
- le programme DRM (Distinctive Region Model) et AntiEvol (Annexe 2) ;
- le programme SMART (Synthesis with a Model of Anthropomorphic Regions and Tracts) (Annexe 3).

2 PHONOLOGIE ET PHONETIQUE VIETNAMIENNES

2.1 Introduction

La langue vietnamienne a des origines communes avec d'autres langues d'Asie du sud mais elle a évolué de manière indépendante. L'origine de la langue vietnamienne fait toujours l'objet de recherches, mais la plupart des travaux des linguistes conduisent à penser qu'elle a des racines communes et fortes avec le mon-khmer qui fait partie de la branche austro-asiatique laquelle comprend le Mon parlé en Birmanie et le Khmer, langue parlée au Cambodge, ainsi que les langues Khmu, Bahnar et Bru, langues parlées par les habitants des îles du nord du Vietnam [Nguyen, 2007]. Le développement de la langue vietnamienne a accompagné la formation et le développement de la culture vietnamienne. Nous pouvons la décrire comme suit :

- dans les premiers siècles après Jésus-Christ, la langue vietnamienne n'avait pas de ton comme la plupart des langues austro-asiatique ; le système de consonnes initiales comprenait les consonnes simples et doubles (par exemple /bl/, /tl/, /ml/, /kl/, etc.) ; les sons finaux comportaient non seulement les consonnes occlusives /p, t, k/, les consonnes nasales /m, n, ŋ/ et les semi-voyelles mais aussi les sons /l/, /c/, /h/, /s/ [Nguyen, 2007] ;
- au 6ème siècle, la langue vietnamienne a seulement trois tons : ton plat, ton montant et le ton interrogatif ; à partir du 12ème, à cause de la variabilité des sons initiaux et des sons finaux, elle exploite six tons comme aujourd'hui : ton plat, ton montant, ton interrogatif, ton grave, ton descendant et ton brisé ;

- pendant la période du 10ème siècle au 17ème siècle, le système des consonnes initiales a varié d'une manière plus importante que celui des voyelles ; les sons sourds occlusifs se sont sonorisés, par exemple : /p/ → /b/, /t/ → /d/, /k/ → /g/ ; le son vélaire fricatif /s/ s'est transformé en un son vélaire occlusif /t/ ; puis, les consonnes doubles telles que /bl/, /tl/, /khl/, /kl/, etc. ont lentement disparu et les sons linguaux /tr/ et /s/ ont commencé à apparaître ;

- depuis le 10ème siècle, le vocabulaire vietnamien a assimilé phonétiquement et sémantiquement un nombre conséquent de mots Han (d'origine chinoise) alors que le système grammatical a été plus stable ne subissant que très peu d'influences de part la langue Han ;

- en ce qui concerne l'écriture, le système de caractères a évolué vers le Nôm, sous l'influence des caractères Han (chinois) utilisés alors au Vietnam : comme il n'a pas été possible d'utiliser uniquement les caractères Han pour représenter totalement la langue vietnamienne, les caractères Han ont été modifiés pour développer le jeu de caractères Nôm ;

- en 1624, des missionnaires franco-portugais, dont le plus connu est Alexandre de Rhodes, sont arrivés au centre du Vietnam ; pendant plus d'une dizaine d'années ils ont appliqué le système d'écriture latine dans le but essentiel de faire de la propagande religieuse ; à ce système d'écriture romanisé ont été ajoutées et/ou modifiées quelques lettres supplémentaires, ce qui a finalement constitué la base du système d'écriture Quốc Ngữ, utilisé pour la langue vietnamienne moderne aujourd'hui.

Contrairement aux langues flexionnelles, comme par exemple l'anglais, le français, etc. ou les langues agglutinantes comme le Japonais, le Turc, etc., la langue vietnamienne moderne est une langue tonale amorphe. Elle présente deux caractères importants :

- la langue vietnamienne est une langue morphologiquement monosyllabique (une syllabe est un morphème) et phonétiquement plutôt bi-syllabique : par exemple, la phrase vietnamienne « Hôm nay trời đẹp » (Il fait beau aujourd'hui) présente quatre morphèmes (quatre plus petites unités de signification) et quatre syllabes (quatre plus petites unités de son) ; ceci est donc différent des autres langues comme le français ou l'anglais, etc. qui sont des langues polysyllabiques, les syllabes et les morphèmes n'ayant pas la même frontière ;

- la langue vietnamienne est une langue tonale avec six tons : ton plat, ton montant, ton brisé, ton interrogatif, ton descendant et ton grave [Doan, 1999 ; Nguyen, 2007] ; une syllabe, par exemple /ma/, peut être prononcée avec six tons différents, ce qui lui donne alors six sens distincts : ma (fantôme), mà (mais), mã (cheval), mả (tombe), má (joue), mạ (semis).

2.2 Structure de la syllabe et phonèmes du vietnamien

D'après les travaux des linguistes [Doan, 1999 ; Nguyen, 2007], une syllabe vietnamienne combine trois parties principales : la partie initiale, la partie finale et le ton. La partie finale peut inclure le son médian (son pré-tonal), le son noyau et le son final. La structure entière d'une syllabe vietnamienne combinant ces sons est ainsi représentée comme suit la figure 2-1.

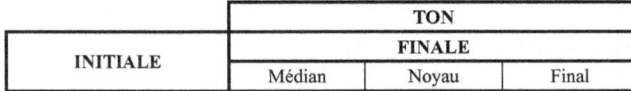

INITIALE	TON		
	FINALE		
	Médian	Noyau	Final

Figure 2-1 : Structure phonologique d'une syllabe vietnamienne, d'après [Tran et al., 2005]

Par exemple, la syllabe « TOÁN » présente cinq composants : son initial /t/, son médian /w/, son de noyau /a/, son final /n/ et ton 5 (ton montant).

Dans cette structure, son initial, son médian et son final sont des options qui peuvent exister ou non dans la syllabe. Une syllabe vietnamienne peut être divisée en huit types différents en fonction des composants et de la structure syllabique :

- la syllabe avec seulement une voyelle et un ton, par exemple : à /a-2/[1], ố /o-5/, ê /e-1/, etc. ;
- la syllabe avec une voyelle, un son final et un ton, par exemple : ám /am-5/, ín /in-4/, ui /uj-1/, ào /aw-2/, etc. ;
- la syllabe avec un son médian, une voyelle et un ton, par exemple : oa /ua-1/, etc. ;
- la syllabe avec une consonne initiale, une voyelle et un ton, par exemple : tá /ta-4/, cọ /kɔ-6/, bố /bo-5/, etc. ;
- la syllabe avec une consonne initial, une voyelle, un son final et un ton, par exemple : đếm /dem-5/, tạt /tat-6/, tồi /toj-2/, etc. ;
- la syllabe avec un son médian, une voyelle, un son finale et un ton, par exemple : oán /wan-5/, oài /waj-4/, etc. ;
- la syllabe avec une consonne initiale, un son médian, une voyelle et un ton, par exemple : hoa /hwa-1/, quà /kwa-2/, tọa /twa-6/, etc. ;
- la syllabe entière avec les cinq parties, une consonne initiale, un son médian, une voyelle, un son final et un ton, par exemple : toàn /twan-2/, muốn /mwon-5/, quạt /kwat-6/, etc.

Par ailleurs, en se basant sur les caractéristiques acoustiques du son final et sur la caractéristique ouverte ou fermée de la syllabe, une syllabe vietnamienne peut être classée en quatre groupes suivants [Doan, 1999 ; Nguyen, 2007] :

---

[1] Nous avons utilisé les numéros (1, 2, 3, 4, 5, 6) pour numéroter des tons du Vietnam, par exemple : /a-2/ c'est-à-dire la voyelle /a/ avec le ton descendant, etc.

- ouverte c'est-à-dire sans son final, par exemple : tà /ta-2/, nổ /no-4/, cá /ka-5/, etc. ;
- semi-ouverte clôturée par une semi-voyelle, par exemple : hải /haj-4/, báu /baw-5/, cào /kaw-2/, etc. ;
- fermée clôturée par une consonne sourde occlusive, par exemple : át /at-5/, jch /ik-6/, úp /up-5/, etc. ;
- semi-fermée où le son final est une consonne nasale, par exemple : ám /am-5/, in /in-1/, ùng /uŋ-4/, etc.

2.2.1 Partie initiale

Dans la langue vietnamienne, la partie initiale est une consonne. Il y a vingt deux consonnes initiales qui sont présentées dans le tableau 2-1. Notons que la consonne initiale /p/ n'existe pas en vietnamien standard mais elle est prononcée dans des mots d'origine étrangère, par exemple : « pin », « patê », etc.

Tableau 2-1 : Les vingt deux consonnes initiales du vietnamien

Phonème	Caractère	Phonème	Caractère	Phonème	Caractère
/b/	b	/v/	v	/f/	ph
/d/	đ	/t/	t	/t'/	th
/s/	x	/z/	d, gi	/m/	m
/n/	n	/l/	l	/ʈ/	tr
/ʂ/	s	/ʐ/	r	/c/	ch
/ɲ/	nh	/ŋ/	ng, ngh	/k/	c, k, q
/x/	kh	/ɣ/	g, gh	/h/	h
/p/	p				

Tableau 2-2 : Lieu et mode d'articulation des consonnes vietnamiennes, d'après [Doan, 1999 ; Nguyen, 2007]

Lieu d'articulation — Modes d'articulation			labial	apicale		palatale	dorsale	glottale
				dentale	rétroflexe			
occlusive	aspirée sourde			t'				
	non aspirée	sourde	p	t	ʈ	c	k	
		sonore	b	d				
	nasales		m	n		ɲ	ŋ	
fricative	sourde		f	s	ʂ		x	h
	sonore		v	z	ʐ		ɣ	
	latérale			l				

Comme pour les autres langues telles que l'anglais, le français, etc. les consonnes initiales du vietnamien peuvent être classées en fonction de leur lieu d'articulation, par exemple dans le cas du vietnamien : labial, dental, rétroflexe, palatal, dorsal et glottal. En outre, en nous basant sur le mode d'articulation, nous pouvons diviser les consonnes initiales vietnamiennes en plusieurs groupes [Doan, 1999 ; Nguyen, 2007] :

- non aspirées occlusives : /b, d, p, t, ṭ, c, k/ ;
- aspirée : /t'/ ;
- nasales : /m, n, ŋ, ɲ/ ;
- fricatives : /f, s, ṣ, x, h, v, z, z̧, ɣ/ ;
- latérale : /l/.

Le tableau 2-1 ci-dessus classe les consonnes initiales vietnamiennes par lieu et mode d'articulation.

Certains auteurs, [Le, 1948 ; Thompson, 1965 ; Hoang and Hoang, 1975], ajoutent à ce système de consonnes initiales, la consonne /ʔ/ considérée comme consonne glottale. En fait, en regardant les syllabes vietnamiennes qui commencent par une voyelle, par exemple « ăn », « in », « áp », etc. ils ont constaté que ces syllabes se mettent en place par un coup de glotte suivi d'un geste d'ouverture subite. Ces auteurs ont pensé que le geste de coup de glotte correspond à un lieu d'articulation complémentaire aux consonnes /b, t, k/, le lieu d'articulation glottal. Cette 23ème consonne ne correspond à aucun caractère orthographique (Quốc Ngữ). Avec cet ajout, ces auteurs considèrent que la partie consonantique initiale de la structure de la syllabe est toujours existante dans les syllabes. Par exemple, le mot « im » aurait pour transcription phonétique /ʔim/. Cette proposition est toujours débattue entre les linguistes vietnamiens. Le linguiste Nguyen pour sa part [2007] n'accepte pas l'existence de cette consonne glottale dans le système des consonnes initiales vietnamiennes. Il affirme qu'il n'existe qu'une consonne initiale glottale /h/. En 2004, le travail de Nguyen a montré que dans plusieurs cas, l'existence de la consonne /ʔ/ est problématique, aussi nous préférons conserver le système initial à vingt-deux consonnes [Nguyen, 2004b].

2.2.2 Partie finale

Comme décrit ci-dessus, la partie finale d'une syllabe vietnamienne peut comprendre trois composants : le son médian, le son noyau et le son final. Le son noyau est toujours présent dans la partie finale, mais les sons médians et finaux sont optionnels.

2.2.2.1 Son médian

Le son médian (cf. tableau 2-3) est un son qui peut apparaître entre le son initial et le son noyau. Il joue le rôle d'un son lingual, semi vocalique. Le son médian ne crée pas le son principal d'une syllabe, mais il modifie le timbre de la syllabe. Par exemple, dans les mots « tu », « tú », « to », « tỏ », les phonèmes /u/ et /o/ sont les sons principaux de la syllabe ; dans les mots « toán », « quà », le phonème /a/ est le son principal de la syllabe, tandis que les sons médians /o/ et /u/ représentés par les caractères [o] et [u] (prononcé /w/) n'apparaissent que dans la phase d'intensité montante de la syllabe et modifient seulement le timbre de la syllabe [Nguyen, 2007]. Pour le vietnamien, quelle que soit la voyelle qui suit, le son médian est toujours /w/.

Tableau 2-3 : Le son médian du vietnamien, d'après [Doan, 1999 ; Nguyen, 2007]

Phonème	Caractère
/w/	u, o

2.2.2.2 Son noyau

Le son noyau est le son principal d'une syllabe. En vietnamien, le son noyau s'exprime par des voyelles et des diphtongues. Les linguistes vietnamiens [Hoang and Hoang, 1975 ; Doan, 1999 ; Nguyen, 2007] estiment qu'aujourd'hui, la langue vietnamienne moderne présente treize voyelles : /a/, /ɛ/, /e/, /i/, /ɔ/, /o/, /ɤ/, /u/, /ɯ/, /ă/, /ɤ̆/, /ɛ̆/, /ɔ̆/ ; et trois diphtongues /ie/, /ou/ et /ɯɤ/. Dans une syllabe vietnamienne, les trois diphtongues ont la même fonction que les voyelles.

En se basant sur le lieu d'articulation, sur la position de la langue et des lèvres et sur l'ouverture de la bouche, les treize voyelles vietnamiennes peuvent être groupées comme le précise le tableau 2-4 :

Tableau 2-4 : Lieu d'articulation des voyelles du vietnamien, d'après [Doan, 1999 ; Nguyen, 2007]

	Position de la langue	antérieure	postérieure	postérieure
	Position des lèvres	étirée	étirée	arrondies
Ouverture de la bouche	fermée	/i/	/ɯ/	/u/
	semi-fermée	/e/	/ɤ/, /ɤ̆/	/o/
	semi-ouverte	/ɛ/, /ɛ̆/		/ɔ/, /ɔ̆/
	ouverte		/a/, /ă/	

D'autre part, en fonction de leur durée, les études de Hoang [1975] et Doan [1999] montrent que les voyelles peuvent se repartir en deux groupes (cf. tableau 2-5) :

- longues : /a, ɛ, e, i, ɔ, o, ɤ, u, ɯ/ ;

- brèves : /ă, ɤ̆, ɛ̆, ɔ̆/.

Ces mêmes auteurs [Hoang and Hoang, 1975 ; Doan, 1999 ; Nguyen, 2007] ont confirmé que les quatre voyelles brèves /ă/, /ɤ̆/, /ɛ̆/, /ɔ̆/ ont les mêmes caractéristiques acoustiques (les trois premiers formants F1, F2, F3) que les voyelles longues /a/, /ɤ/, /ɛ/, /ɔ/, respectivement, mais avec des durées toujours plus brèves. De plus, les voyelles brèves vietnamiennes n'existent pas en syllabe ouverte et elles n'apparaissent jamais isolément. Elles ont toujours besoin d'un son final (l'une des six consonnes finales ou l'une des deux semi-voyelles finales). Les voyelles brèves peuvent difficilement être prononcées isolement (avec un pitch monotone) par les vietnamiens.

Tableau 2-5 : Les sons noyau, d'après [Hoang and Hoang, 1975 ; Doan, 1999 ; Nguyen, 2007]

Sons de noyau			Caractère
Voyelles	**Voyelles longues**	/a/	a
		/ɛ/	e
		/e/	ê
		/i/	i, y
		/ɔ/	o
		/o/	ô
		/ɤ/	ơ
		/u/	u
		/ɯ/	ư
	Voyelles brèves	/ă/	ă
		/ɤ̆/	â
		/ɛ̆/	a (anh, ach)
		/ɔ̆/	o (ong, oc)
Diphtongues		/ie/	ia, iê
		/uo/	ua, uô
		/ɯɤ/	ưa, ươ

Un travail récent [Castelli and Carré, 2005] a été réalisé sur les deux couples voyelles longues et brèves /a, ă/ et /ɤ, ɤ̆/. Les résultats dans le plan F1-F2 ont encore une fois montré que les deux voyelles brèves /ă/ et /ɤ̆/ présentent les mêmes caractères acoustiques que /a/ et /ɤ/ et que les deux voyelles brèves /ă/ et /ɤ̆/ sont prononcées difficilement en isolation. La figure 2-2 et la figure 2-3 représentent dans le plan F1-F2 les formants des voyelles et le ton des deux voyelles /a/ et /ă/ prononcées isolément [Castelli and Carré, 2005].

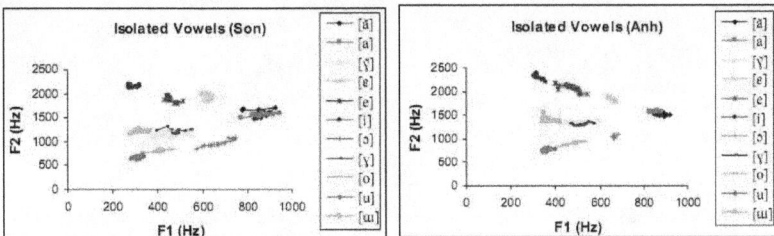

Figure 2-2 : Représentation dans le plan F1-F2 des formants des voyelles /a/ et /ă/ prononcées isolement, d'après [Castelli and Carré, 2005]

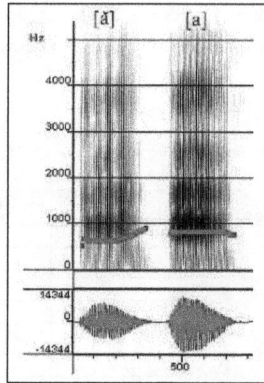

Figure 2-3 : Le ton des deux voyelles /a/ et /ă/ prononcées isolement, d'après [Castelli and Carré, 2005]

En mode dynamique, c'est-à-dire dans le contexte consonne - voyelle (CV), les voyelles brèves /ă/ et /ɤ̆/ sont distinctes des voyelles longues /a/ et /ɤ/ par la vitesse de transition CV : en transition CV, les vitesses de transition des deux voyelles brèves /ă/ et /ɤ̆/ (122 Hz/ms et 81 Hz/ms, respectivement) sont plus grandes que celles des deux voyelles longues /a/ et /ɤ/ (97 Hz/ms et 51 Hz/ms, respectivement) (cf. figure 2-4) [Castelli and Carré, 2005].

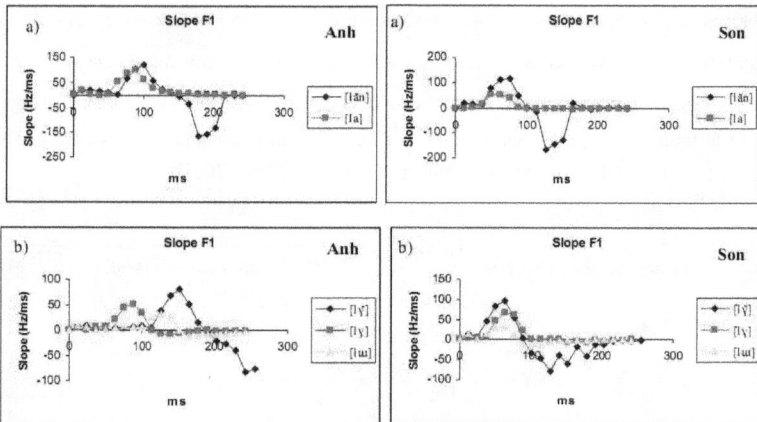

Figure 2-4 : Représentation dans le domaine temporel de la vitesse de F1 au cour de la transition CV, d'après [Castelli and Carré, 2005]

2.2.2.3 Son final

Le son final est un son placé à la dernière position de la syllabe. Aujourd'hui, la langue vietnamienne présente six consonnes /p/, /t/, /k/, /m/, /n/, /ŋ/ (elles s'appellent consonnes finales) et deux semi-voyelles /j/, /w/ (semi-voyelle finale) (cf. tableau 2-6).

En fonction de la place d'articulation et du mode d'articulation, les six consonnes finales /p/, /t/, /k/, /m/, /n/, /ŋ/ peuvent être divisées en groupes comme cela est précisé dans le tableau 2-7.

Tableau 2-6 : Les huit sons finaux (consonnes et semi-voyelles), d'après [Doan, 1999 ; Nguyen, 2007]

Sons finaux		Caractère
consonne	/p/	p
	/t/	t
	/k/	ch, c
	/m/	m
	/n/	n
	/ŋ/	nh, ng
semi-voyelle	/w/	o, u
	/j/	i, y

Tableau 2-7 : Lieu et mode d'articulation des consonnes finales vietnamiennes, d'après [Doan, 1999]

Mode d'articulation \ Lieu d'articulation		labiale	dentale	vélaire
occlusive	non aspirée, sourde	/p/	/t/	/k/
	nasale	/m/	/m/	/ŋ/

Contrairement aux consonnes en position initiale, les six consonnes finales /p/, /t/, /k/, /m/, /n/, /ŋ/ sont des sons occlusifs, sans bruit. En particulier, les trois consonnes finales /p/, /t/, /k/ se terminent par un silence sans relâchement [Doan, 1999].

Les linguistes vietnamiens [Doan, 1999 ; Nguyen, 2007] ont confirmé que dans les syllabes fermées (où le son final est une consonne sourde /p, t, k/), dans les syllabes semi-fermées (où le son final est une consonne nasale /m, n, ŋ/), ou dans les syllabes semi-ouvertes (où le son final est une semi-voyelle /j, w/), le timbre du son noyau est toujours modifié par le son final. En particulier, les consonnes sourdes /p, t, k/ qui jouent le rôle d'un son final sont reconnus parce qu'elles modifient la fin du son noyau (voyelle principale dans une syllabe). Les modifications des formants du son noyau qui suivent certaines directions sont considérées comme seule indication pour les reconnaître [Doan, 1999].

2.2.3 Les tons

La langue vietnamienne est une langue tonale de six tons (cf. tableau 2-8). Les tons sont toujours attachés à la syllabe. Ils participent donc à la construction du morphème et au sens de la syllabe. Ils sont également un signe pour distinguer les mots vietnamiens, dont le ton1 (ton plat) est sans signe distinctif dans l'alphabet.

Le système tonal en langue vietnamienne est assez complexe, il varie en fonction des régions. En effet, le nombre de tons peut varier de six (parler de Hanoi), à cinq (parler de Ho Chi Minh ville), voire à quatre (dans les parlers du centre) [Vu, 1982 ; Doan, 1999 ; Nguyen, 2002]. Parmi ces trois dialectes, celui de Hanoi étant le dialecte standard, nous ne présentons que les caractéristiques des tons de ce dialecte.

Tableau 2-8 : Les six tons vietnamiens, d'après [Doan, 1999 ; Nguyen, 2007]

Ton	Description	Signe
ton1	ton plat	
ton2	ton descendant	\
ton3	ton brisé	~
ton4	ton interrogatif	?
ton5	ton montant	/
ton6	ton grave	.

Les caractéristiques statiques des tons vietnamiens ont été étudiées depuis longtemps. On peut citer les études de [Han and Kim, 1974 ; Vu, 1982 ; Doan, 1999 ; Thurgood, 1999 ; Nguyen, 2002 ; Nguyen, 2007]. Les trois paramètres principaux d'un ton sont la mélodie (correspondant à la variation de la fréquence fondamentale F_0), l'énergie et la durée. Néanmoins, la variation de F_0 est le paramètre le plus important. La figure 2-5 ci-dessous présente les contours des six tons réalisés par une locutrice vietnamienne.

En fonction de la hauteur du point final du contour de F_0, les ton5 et ton6 ont deux réalisations : le ton5a, le ton6a pour une syllabe ouverte et le ton5b, ton6b pour une syllabe fermée [Nguyen, 2002 ; Michaud, 2004]. On a donc deux catégories :

- tons du registre haut : ton1, ton3, ton5a, ton5b.
- tons du registre bas : ton2, ton4, ton6a, ton6b.

La durée des syllabes isolées en fonction des tons a été étudiée dans [Doan, 1999 ; Vu, 2000] et [Nguyen, 2002]. Les auteurs divisent généralement les réalisations des tons en deux groupes :

- les tons longs : ton1, ton2, ton3, ton4, ton5a.
- les tons courts : ton5b, ton6a, ton6b.

Dans une syllabe vietnamienne, la consonne initiale ne transporte pas l'information du ton. Elle contribue à créer la syllabe, mais elle ne participe pas à la construction du ton. Le ton vietnamien affecte seulement la partie finale de la syllabe [Tran, 2007].

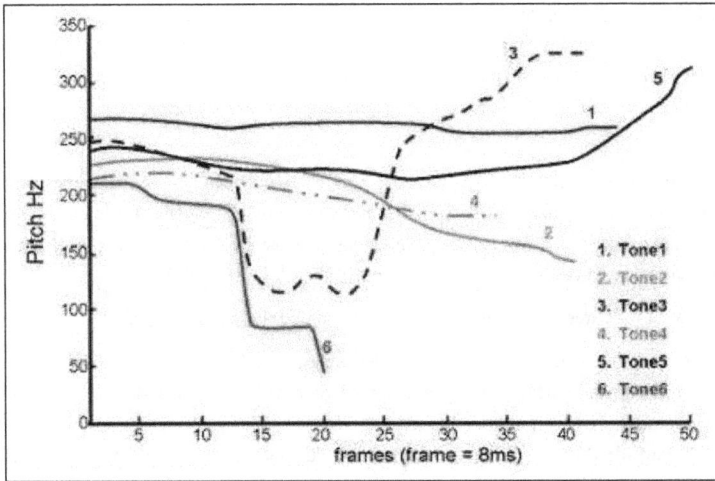

Figure 2-5 : Les contours de six tons vietnamiens réalisés par une locutrice, d'après [Nguyen, 2002]

Les caractéristiques dynamiques du ton vietnamien sont aussi étudiées soigneusement dans [Tran, 2007]. Les résultats dans la parole continue ont montré que les tons varient considérablement selon leur environnement tonal immédiat. Les tons sont modifiés sous l'influence des tons adjacents mais la coarticulation progressive est plus forte que la coarticulation régressive [Tran, 2007].

2.3 Comparaison entre le vietnamien, le japonais et l'arabe

Dans ce paragraphe, nous souhaitons présenter une rapide comparaison entre la langue vietnamienne et les langues japonaise et arabe qui présentent également des voyelles longues et des voyelles brèves. La connaissance des ressemblances entre les langues nous permet d'appliquer efficacement au vietnamien les techniques d'étude acoustique et phonologique utilisées pour l'étude de ces langues.

2.3.1 Le japonais

Le japonais, langue de quelques cent vingt millions de locuteurs, emprunte au chinois une partie importante de son vocabulaire ainsi que la base de son écriture mais reste toutefois fondamentalement différent de son grand voisin. Même s'il présente des ressemblances frappantes avec le coréen et avec le groupe des langues dites altaïques (mongol, mandchou, turc, etc.), le japonais (et ses dialectes) forme à lui seul l'essentiel de la famille japonaise. Le japonais standard est appelé le Hyoojungo : c'est le dialecte de Tokyo.

Une syllabe japonaise typique consiste en une voyelle, ou une consonne plus une voyelle. La langue japonaise présente cinq voyelles brèves /i, e, a, o, u/ et cinq voyelles longues /i:, e:, a:, o:, u:/ ces dernières ont en moyenne au moins une durée double de celle des brèves. La durée des voyelles longues et voyelles brèves en langue japonaise est phonémique et contrastive, par exemple /séki/ 'siège' vs. /séki:/ 'siècle' et /joko/ 'cote' vs. /joko:/ 'répétition', etc.

Bien qu'une petite différence soit observée sur les fréquences des formants des voyelles longues et brèves, la principale distinction acoustique entre ces voyelles est la durée [Kondo, 1995 ; Tsukada, 1999]. La durée des voyelles longues est de 2.4 à 3.2 fois plus grande que celle des voyelles brèves [Han, 1962 ; Tsukada, 1999 ; Ueyama, 2000].

En comparant les durées absolues des voyelles, Hirata [2004] a montré que :

- les valeurs relatives entre les voyelles longues et les voyelles brèves ne sont pas beaucoup influencées par les vitesses de prononciation (elles sont stables quand la vitesse est basse ou normale) (voir figure 2-6) ;
- le taux de durée de la voyelle sur durée du mot ne change pas beaucoup avec la vitesse de prononciation ; le rapport de la durée de la voyelle longue sur durée du mot est toujours plus grand que celui de la durée de la voyelle brève sur la durée du mot et ceci quelque soit la vitesse, haute, normale ou basse (voir figure 2-7).

En japonais comme en vietnamien, on constate une similarité : les voyelles brèves ont les mêmes caractères acoustiques que les voyelles longues. La différence repose sur le fait que les voyelles brèves japonaises peuvent être prononcées isolément et que la durée des voyelles longues est pratiquement le double de celle des brèves : comme on le constate, pour séparer les deux types de voyelles, la durée de voyelle apparaît comme le seul paramètre significatif.

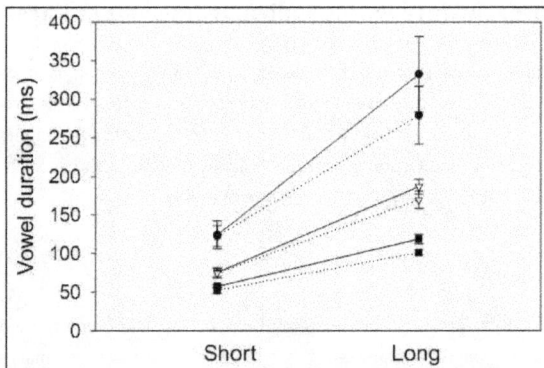

Figure 2-6 : Durée moyenne des voyelles prononcées avec trois vitesses. Les cercles, triangles et carrés représentent respectivement les vitesses basse, normale et haut. La durée moyenne de la voyelle accentuée et non-accentuée est représentée respectivement par le trait plein et le trait en pointilles, d'après [Hirata, 2004]

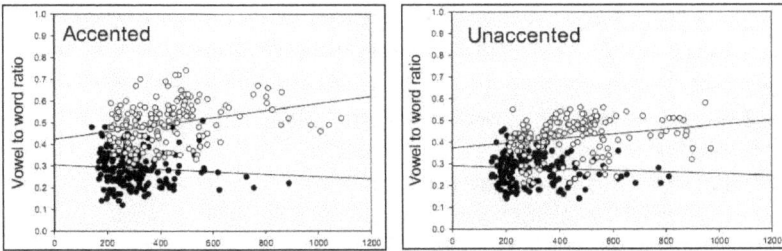

Figure 2-7 : Taux de la durée de voyelle en fonction de la durée de mot. Les cercles noirs et les cercles blancs représentent les voyelles brèves et les voyelles longues respectivement, d'après [Hirata, 2004]

Pour la langue vietnamienne, bien que les voyelles longues vietnamiennes ne soient pas aussi allongées, les linguistes vietnamiens ont confirmé leur existence. Il nous faudra mesurer la durée des voyelles brèves et longues pour savoir effectivement quel rôle joue la durée dans l'opposition voyelles longues / brèves dans la langue vietnamienne.

2.3.2 L'arabe

La langue arabe fait partie du groupe des langues chamito-sémitiques ou afro-asiatiques (dénomination depuis le 19ème siècle) - et plus particulièrement de la branche de l'Ouest Sémitique, sous groupe Sémitique-Central.

La langue arabe présente une variété de registres linguistiques qui cohabitent parfois ensemble. Les registres linguistiques correspondent à différentes formes existantes de la langue, telle que : l'arabe classique, littéral ou littéraire (variété haute), par opposition à l'arabe dialectal (variété basse), qui sont des variétés régionales. Entre ces deux formes existe une variété écrite et parlée désignée par l'arabe moderne vivant ou encore l'arabe standard moderne ou contemporain.

Le système des voyelles en langue arabe standard et moderne présente trois voyelles longues /ii, uu, aa/ et trois voyelles brèves /i, u, a/. Les linguistes arabes confirment que les voyelles n'existent pas en isolation. Les voyelles arabes ne peuvent pas commencer un mot, elles sont présentées en association à la consonne (une consonne ou bien une consonne coup de glotte), indiquant ainsi la non-existence des séquences V (voyelle), VCV (voyelle - consonne - voyelle) etc. en arabe [Cantineau, 1960]. On observe la réalisation d'un coup de glotte avant ces séquences.

En 1970, Al-Ani a étudié le système vocalique de l'arabe standard et a conclu que les voyelles brèves ont une durée de 300 ms comparées aux voyelles longues de durée 600 ms. Il a observé également des timbres vocaliques identiques entre les voyelles longues et brèves [Al-Ani, 1970].

En 1979, Salem Ghazali a rejeté l'approche de Cantineau et d'Al-Ani en disant que le système vocalique de l'arabe n'est pas constitué de trois segments vocaliques comme on dit traditionnellement, mais d'un système à trois voyelles longues et un autre à trois voyelles brèves (ces voyelles brèves différant des voyelles longues en durée et en timbre vocalique) [Ghazali, 1979].

La plupart des études actuelles portent sur l'analyse du système vocalique de l'arabe standard. [Belkaid, 1984] a trouvé qu'il existe un changement de timbre en fonction de la durée des segments, i.e. on a six timbres différents avec des durées variables en arabe standard au lieu des trois timbres différents selon la durée. Les études de [Znagui, 1995] montrent l'existence d'une influence du contexte environnant sur les timbres vocaliques au niveau phonétique uniquement.

Le phénomène des voyelles brèves et voyelles longues en langue arabe a beaucoup de points similaires avec le phénomène des voyelles brèves et longues en langue vietnamienne. Les voyelles arabes (brèves et longues) ne peuvent pas être prononcées isolément (comme nos voyelles brèves) parce que la consonne est une partie indispensable qui joue un rôle important pour distinguer les voyelles arabes. Ces similarités sont pour nous intéressantes car elles nous aident à comprendre qu'il faut étudier les voyelles brèves et les voyelles longues vietnamiennes comme cibles vocaliques et/ou comme cibles dynamiques.

2.4 Conclusions du chapitre

Dans ce chapitre nous avons présenté les caractéristiques principales de la phonologie et de la phonétique de la langue vietnamienne. C'est une langue tonale, morphologiquement monosyllabique et phonétiquement plutôt bi-syllabique, présentant six tons (vietnamien standard). Les caractéristiques des oppositions voyelles longues / voyelles brèves et des trois consonnes finales /p, t, k/ qui se prononcent sans relâchement ont été également présentées. On a aussi rappelé que les vietnamiens prononcent toujours difficilement les voyelles brèves en isolation (avec un pitch plat monotone). Pour ces voyelles brèves associées à l'une des trois consonnes finales lesquelles peuvent être distinguées et reconnues facilement dans un même contexte voyelle - consonne (VC) alors qu'elles sont produites sans relâchement, on peut faire l'hypothèse que les aspects dynamiques jouent un rôle important.

Nous avons également résumé quelques caractéristiques du japonais et de l'arabe ressemblant à celles du vietnamien. Afin d'étudier les différences entre les voyelles brèves et les voyelles longues vietnamiennes, nous avons conclu que les caractères dynamiques (les cibles dynamiques) pouvaient jouer un rôle à côté des caractères acoustiques statiques (les cibles vocaliques).

3 LES VOYELLES LONGUES ET LES VOYELLES BREVES DANS LA LANGUE VIETNAMIENNE

3.1 Introduction

Dans le chapitre précédent, nous avons résumé les caractéristiques principales de la phonologie et de la phonétique de la langue vietnamienne. En particulier, nous avons présenté les caractéristiques des oppositions voyelles longues et voyelles brèves du vietnamien.

Le fait d'avoir toujours besoin d'un son final dans l'articulation des voyelles brèves nous conduit à penser que la différence entre les voyelles longues et les voyelles brèves n'est pas qu'un problème de durée. Articulatoirement, il est toujours possible de prononcer n'importe quelle voyelle d'une manière plus courte. À l'inverse, si la différence entre les voyelles longues et les voyelles brèves n'est qu'un seul problème de durée, la difficulté de prononciation en isolation des voyelles brèves ne pourrait venir que du fait des locuteurs.

Rappelons ici qu'il existe deux approches pour représenter les voyelles :

- l'approche statique : les voyelles sont représentées dans un espace vocalique par les valeurs stables des premiers formants ;
- l'approche dynamique : les variations des formants liées aux phénomènes de coarticulation dans les contextes CV (représentés par les transitions des formants) peuvent apporter des spécifications dynamiques aux voyelles [Strange et al., 1983 ; Strange, 1989b].

Considérant la langue vietnamienne, plusieurs questions n'ont pas trouvé de réponse pour l'instant :

- comment les voyelles brèves vietnamiennes s'articulent avec le son final (consonne finale ou semi-voyelle finale) dans une syllabe?
- y-a-t-il d'autres caractéristiques spécifiques (cibles vocaliques et/ou cibles dynamiques) qui peuvent expliquer la différence entre les voyelles longues et les voyelles brèves dans la langue vietnamienne ?
- quel rôle joue le son final ? Est-ce que des indices dynamiques peuvent aussi jouer un rôle pour caractériser les différences entre les voyelles longues et les voyelles brèves ?

Bien que les chercheurs vietnamiens Hoang T. [Hoang and Hoang, 1975], Doan T.T. [Doan, 1999], Nguyen H.Q. [Nguyen, 2007] et français Castelli E. [2005] aient trouvé un caractère statique (durée de voyelle) et un caractère dynamique (vitesse de la transition CV) qui permettent de distinguer les couples voyelles longues et brèves, leurs résultats ne peuvent pas encore expliquer clairement, et ne permettent pas d'estimer le rôle du son final dans l'articulation des voyelles brèves. Ils ne permettent pas non plus d'expliquer comment les voyelles brèves vietnamiennes s'articulent avec le son final dans une syllabe.

Afin de mieux comprendre et d'expliquer plus clairement les caractéristiques des oppositions voyelles longues / voyelles brèves en vietnamien, nous avons besoin de faire le tour de la question en étudiant systématiquement les caractéristiques acoustiques statiques et dynamiques lors de la production de voyelles brèves dans leur environnement : voyelle brève, transition VC et son final.

3.2 Etudes des caractéristiques acoustiques statiques et dynamiques des voyelles longues et brèves

3.2.1 Corpus vietnamien

En vue d'étudier les caractéristiques acoustiques statiques et dynamiques des voyelles longues et des voyelles brèves, un petit corpus des dix voyelles vietnamiennes (quatre séries de voyelles longues et brèves /a, ă/, /ɤ, ɤ̆/, /ɔ, ɔ̆/, /ɛ, ɛ̆/ et deux voyelles longues /u, i/) a été construit avec quatre locuteurs vietnamiens nommés M1, M2, M3, M4 (quatre hommes). Les quatre locuteurs sont nés et habitent au nord, parlant la langue standard du Vietnam. On a demandé à chaque locuteur de prononcer cinq fois toutes les combinaisons possibles entre les dix voyelles vietnamiennes avec un son final en une structure de syllabe VC2 et C1VC2 et VS et C1VS, où :

- C1 est toujours la consonne initiale /b/ ;
- V est l'une des dix voyelles orales vietnamiennes /a/, /ă/, /ɤ/, /ɤ̆/, /ɛ/, /ɛ̆/, /ɔ/, /ɔ̆/, /i/, /u/ ;
- C2 est l'une des trois consonnes finales /p/, /t/, /k/ ;

- S est l'une des deux semi-voyelles finales /w/, /j/.

Ces combinaisons sont mises dans une phrase porteuse vietnamienne « nói … êm ru » /nɔj-5 … em ru/ signifiant selon le cas :

- « dire VC2 lentement » ;
- « dire C1VC2 lentement » ;
- « dire VS lentement » ;
- « dire C1VS lentement ».

A partir de l'ensemble des voyelles vietnamiennes, nous présentons la distribution des combinaisons possibles avec les cinq sons finaux, situés après les dix voyelles vietnamiennes (voir tableau 3-1).

Tableau 3-1 : L'ensemble des combinaisons possibles entre les dix voyelles et les cinq sons finaux. Le signe « + » signifie que la combinaison est possible, le signe « - » signifie qu'elle n'existe pas en vietnamien

	/a/	/i/	/u/	/ɤ/	/ɛ/	/ɔ/	/ă/	/ɤ̌/	/ɔ̌/	/ɛ̌/
/p/	+	+	+	+	+	+	+	+	-	-
/t/	+	+	+	+	+	+	+	+	-	-
/k/	+	+	+	+	+	+	+	+	+	+
/w/	+	+	-	-	+	-	+	+	-	-
/j/	+	-	+	+	-	+	+	+	-	-

Dans le corpus, les quatre locuteurs ont prononcé les syllabes VC2, C1VC2, VS et C1VS :

- dans le contexte VC2 / C1VC2, les trois consonnes finales /p, t, k/ sont combinées avec dix voyelles pour former 1040 combinaisons (1 consonne finale /k/ x 10 voyelles x 2 contextes (VC2 / C1VC2) x 5 répétitions x 4 locuteurs et 2 consonnes finales /p, t/ x 8 voyelles x 2 contextes (VC2 / C1VC2) x 5 répétitions x 4 locuteurs), dont seulement 680 d'entre elles ont un sens ;
- dans le contexte (C1)VS, les deux semi-voyelles finales /w, j/ sont combinées avec huit voyelles pour former 420 combinaisons (1 semi-voyelle /w/ x 5 voyelles x 2 contextes VS / C1VS x 5 répétitions x 4 locuteurs et 1 semi-voyelle /j/ x 6 voyelles x 2 contextes VS / C1VS x 5 répétitions x 4 locuteurs), dont seulement 240 d'entre elles ont un sens.

La langue vietnamienne est une langue tonale comportant six tons. Afin de réduire l'influence du ton, l'idéal consiste à étudier les syllabes vietnamiennes avec un ton monotone (ton plat). Cependant, en langue vietnamienne, les syllabes fermées se terminant par l'une des trois consonnes finales /p/, /t/, /k/ n'existent pas sans un ton dynamique : pour ces consonnes, les syllabes n'existent uniquement qu'avec le ton montant, et ton grave. Nous avons alors choisi la configuration du ton plat pour les syllabes semi-ouvertes VS / C1VS et celle du ton montant qui peut facilement être prononcés en syllabe fermée VC2 / C1VC2.

Le corpus a été enregistré en studio calme avec une fréquence d'échantillonnage de 11025 Hz et codé sur 16 bits avec un microphone-casque de marque SENNHEISER HMD 410-6 et un préamplificateur Soundcraft Spirit Folio FX8. Toutes les mesures ont été obtenues à l'aide du logiciel WinSnoori[2].

En vue d'étudier les caractéristiques acoustiques statiques et dynamiques des voyelles longues et brèves, et d'estimer aussi le rôle des sons finaux dans la coarticulation avec les voyelles précédentes et particulièrement les voyelles brèves, nous regardons deux parties dans les syllabes (C1)VC2 / (C1)VS :

- la voyelle V : c'est une des six voyelles longues /a/, /ɤ/, /i/, /u/, /ɛ/, /ɔ/ ou l'une des quatre voyelles brèves /ă/, /ɤ̆/, /ɔ̆/, /ɛ̆/ ; nous mesurons les caractéristiques acoustiques statiques de la voyelle, par exemple : la durée de la voyelle et les trois premiers formants F1, F2 et F3 ;
- la transition VC2 et VS : c'est la partie de la transition entre la voyelle V et le son final (l'une des trois consonnes finales /p/, /t/, /k/ ou l'une des deux semi-voyelles /w/, /j/) ; nous mesurons non seulement les caractéristiques acoustiques statiques, par exemple la durée de transition, les valeurs au début de la transition des formants, mais aussi les caractéristiques acoustiques dynamiques, c'est-à-dire les pentes de transition formantique.

Les mesures sont réalisées comme précisé ci-dessus :

- dans une syllabe (C1)VC2 / (C1)VS, dans la partie quasi-stable des voyelles, on mesure toujours :
  - o les trois premiers formants des voyelles (V où S) ;
  - o la durée des voyelles (Vdur et Sdur).
- la valeur au début de la transition de formant (F1début, F2début, F3début) est choisie au premier point débutant la transition formantique entre voyelle et son final ;
- la durée de la transition d'un formant (F1dur, F2dur, F3dur) est l'espace de temps entre début de la transition formantique et fin de la transition formantique ;
- la pente de transition formantique est un coefficient de la droite qui relie le point initial de la transition formantique à son dernier point.

La figure 3-1 et la figure 3-2 représentent respectivement dans les syllabes /ip-5/ et /ɤj-1/ un exemple du procédé de mesure de la durée de la voyelle (Vdur, Sdur), de la transition formantique (F1dur, F2dur, F3dur) et les valeurs au début de la transition formantique (F1début, F2début, F3début).

---

[2] http://www.loria.fr/~laprie/WinSnoori/

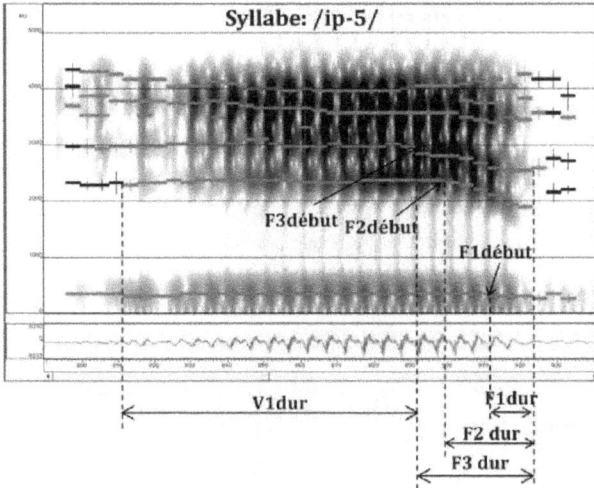

Figure 3-1 : Mesure de la durée de voyelle (Vdur), de la durée de la transition formantique (F1dur, F2dur, F3dur) et les valeurs au début de la transition formantique (F1début, F2début, F3début) dans la syllabe VC2 ou C1VC2

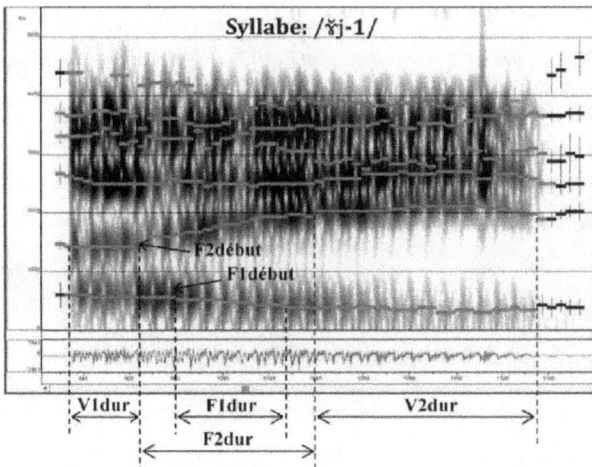

Figure 3-2 : Mesure de la durée de voyelle (Vdur), de la durée de semi-voyelle finale(Sdur), de la durée de la transition formantique (F1dur, F2dur) et les valeurs au début de la transition formantique (F1début, F2début) dans la syllabe VS ou C1VS

3.2.2 Analyse des caractéristiques acoustiques statiques

3.2.2.1 Analyse des formants

Un procédé classique utilisé depuis très longtemps pour représenter les voyelles de toutes les langues du monde est l'espace vocalique formé par les valeurs stables des deux premiers formants F1 et F2 (approche statique). C'est sur cette approche que nous développons notre étude des quatre séries des voyelles longues et brèves vietnamiennes.

La figure 3-3 ci-dessous représente un exemple des variations formantiques des dix voyelles qui sont mesurées dans les productions (C1)VC2 des quatre locuteurs (C1 est la consonne initiale /b/, V est l'une des dix voyelles et C2 est la consonne finale /k/). L'analyse des résultats montre que :

- les dix voyelles sont bien représentées par des petites variations formantiques des deux premiers formants F1 et F2 (sauf la voyelle /ɛ/) ;
- les deux séries de voyelles /a, ă/ et /ɤ, ɤ̆/ sont plus ou moins acoustiquement proches dans le plan F1-F2 ; ce résultat s'accorde complètement avec le travail de Castelli [Castelli and Carré, 2005] ;
- la série des voyelles /ɔ, ɔ̆/ est également acoustiquement proche ;
- pour la voyelle /ɛ/, toutes les réalisations montrent que son point acoustique initial est plus ou moins proche de la voyelle /a/, mais que son point acoustique final est proche de la voyelle /ɛ/ ; les résultats montrent que la voyelle brève /ɛ/ n'est pas qu'une voyelle ; selon la définition [Catford, 1988 ; Rabiner, 1993], la voyelle brève vietnamienne /ɛ/ est considérée similaire à une diphtongue.

Nous proposons alors de conclure qu'en langue vietnamienne, il n'y a que trois séries de voyelles longues et brèves /a, ă/, /ɤ, ɤ̆/ et /ɔ, ɔ̆/ qui sont acoustiquement proches dans le plan F1-F2, la voyelle brève /ɛ/ étant considérée comme plus proche d'une diphtongue.

Comme nous l'avons écrit précédemment à plusieurs reprises, les voyelles vietnamiennes peuvent être classées en deux groupes en fonction de leur durée : les voyelles longues et les voyelles brèves [Hoang and Hoang, 1975 ; Doan, 1999 ; Nguyen, 2007]. Notre propos est d'étudier si les vietnamiens peuvent reconnaître et distinguer les trois voyelles longues /a/, /ɤ/, /ɔ/ et les trois voyelles brèves /ă/, /ɤ̆/, /ɔ̆/, respectivement, par leur durée.

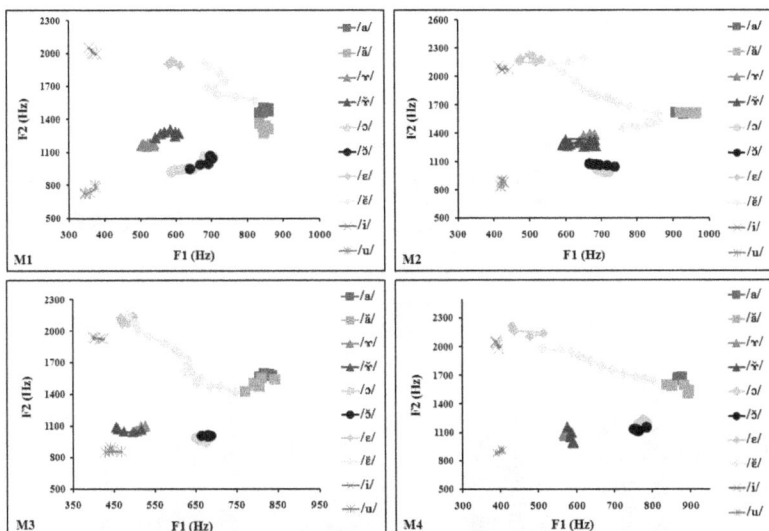

Figure 3-3 : Représentation sur le plan F1-F2 des deux premiers formants des voyelles vietnamiennes dans le contexte (C1)VC2 des quatre locuteurs natifs M1, M2, M3, M4

3.2.2.2 Analyse de la durée vocalique

La durée d'une voyelle (Vdur) est définie comme une durée mesurée dans la partie quasi stable de la voyelle. Afin d'étudier les trois séries de voyelles longues et brèves /a, ă/, /ɤ, ɤ̆/ et /ɔ, ɔ̆/, nous avons mesuré leur durée sur toutes les syllabes (C1)VC2 et (C1)VS dans le corpus (V est l'une des neuf voyelles étudiées /a, ă, ɤ, ɤ̆, ɔ, ɔ̆, i, u, ɛ/, S est l'une des deux semi-voyelles finales /w, j/, C1 est la consonne initiale /b/, C2 est l'une des trois consonnes finales /p, t, k/).

La durée moyenne des voyelles (calculée pour quatre locuteurs, dix productions de chaque locuteur) dans le contexte des syllabes (C1)VC2 est représentée dans la figure 3-4. Rappelons que dans le contexte des syllabes (C1)VC2, la voyelle brève /ɔ̆/ ne ce combine jamais avec les deux consonnes finales /p, t/ (ces combinaisons n'existent jamais dans la langue vietnamienne) (voir tableau 3-1, ci-dessus).

En comparant la durée de la voyelle V en contexte C2 (consonne finale) et C1 (consonne initiale), cette étude montre que :

- chaque voyelle vietnamienne étant prononcée avec une durée longue ou courte, la durée moyenne d'une voyelle longue est de 122 ms (la voyelle /a/) et de 106 ms (la voyelle /ɛ/), celle de la voyelle /ɤ̆/ est plus courte (62 ms) ;

- les trois séries des voyelles longues et brèves /a, ă/, /ɤ, ɤ̆/ et /ɔ, ɔ̆/ qui sont plus ou moins acoustiquement proches dans le plan F1-F2, peuvent être toujours distinguées par leur durée ; la durée moyenne des voyelles /a, ɤ, ɔ/ est toujours plus longue que celle des voyelles /ă, ɤ̆, ɔ̆/ et les écarts-types ne se chevauchent pas ; par exemple, dans les deux contextes VC2 / C1VC2, la durée moyenne de la voyelle /a/, /ɤ/ et /ɔ/ est environ 122 ms, 103 ms et 113 ms, respectivement, mais celle de la voyelle /ă/, /ɤ̆/ et /ɔ̆/ est 54 % (66 ms), 59 % (62 ms) et 64 % (72 ms), respectivement, plus courte.

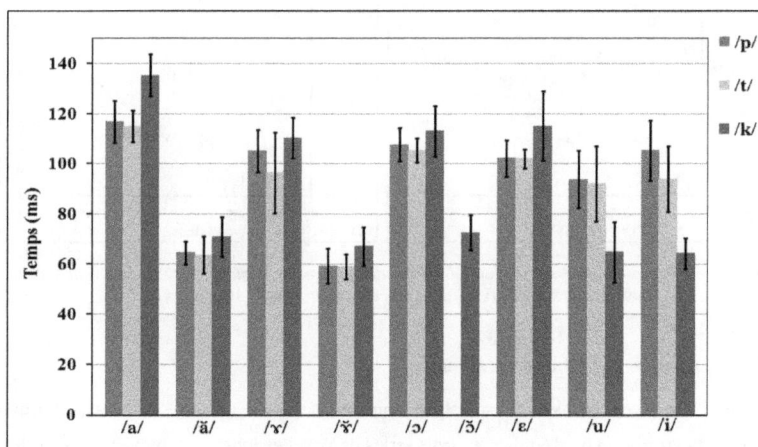

Figure 3-4 : Durées moyennes et écarts-types des voyelles vietnamiennes dans les syllabes (C1)VC2 où C1 est la consonne initiale /b/, V est l'une des neuf voyelles /a, ă, ɤ, ɤ̆, ɔ, ɔ̆, ɛ, u, i/, C2 est l'une des trois consonnes finales /p, t, k/

Nous poursuivons notre analyse sur la durée des voyelles vietnamiennes dans le contexte des syllabes (C1)VS. La figure 3-5 représente la durée moyenne (calculée pour nos quatre locuteurs, dix productions de chaque locuteur) des huit voyelles /a, ă, ɤ, ɤ̆, ɔ, i, u, ɛ/. Notons qu'il y a plusieurs cas dans lesquels la voyelle V et la semi-voyelle finale S ne se combinent jamais ensemble (ces combinaisons n'existent jamais dans la langue vietnamienne), par exemple : /ɤ-w/, /ɔ-w/, /ɔ̆-w/, /ɔ̆-j/, /i-j/, /ɛ-j/, /u-j/ (voir tableau 3-1, ci-dessus).

Une fois de plus, il est intéressant de remarquer que :

- dans un même contexte syllabique (C1)VS, des voyelles vietnamiennes peuvent être prononcées soit avec une durée longue (par ex. 101 ms et 96 ms pour la voyelle /a/ et /ɔ/, respectivement) soit avec une durée courte (par ex. 59 ms et 57 ms pour la voyelle /ă/ et /ɤ̆/, respectivement) ;

- dans un même contexte de semi-voyelle finale, la durée moyenne des voyelles /a/

(101 ms) et /ɤ/ (95 ms) est plus grande que celle des voyelles /ă/ (59 ms) et /ɤ̆/ (57 ms), respectivement.

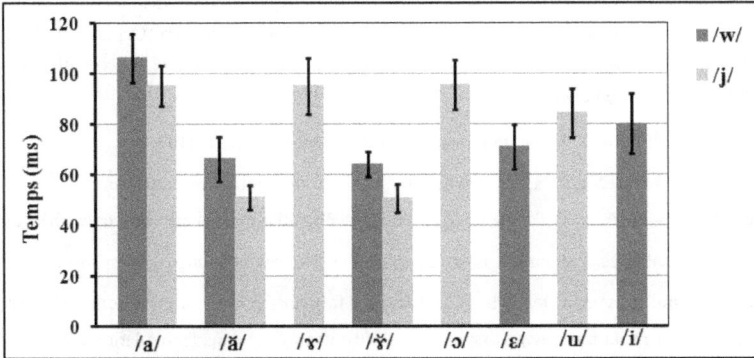

Figure 3-5 : Durées moyennes et écarts-types des voyelles vietnamiennes dans les syllabes (C1)VS où C1 est la consonne initiale /b/, V est l'une des huit voyelles /a, ă, ɤ, ɤ̆, ɔ, ε, u, i/, S est l'une des deux semi-voyelles finales /w, j/

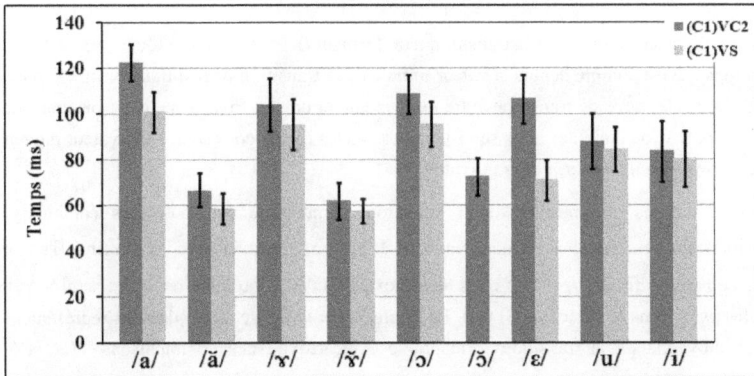

Figure 3-6 : Comparaisons des durées moyennes et écarts-types des voyelles vietnamiennes dans deux contextes : (C1)VC2 et (C1)VS où C1 est la consonne initiale /b/, V est l'une des neuf voyelles /a, ă, ɤ, ɤ̆, ɔ, ε, u, i/, C2 est l'une des trois consonnes finales /p, t, k/, S est l'une des deux semi-voyelles finales /w, j/. La voyelle /ɔ̆/ ne se combine jamais avec les deux semi-voyelles finales /w, j/

Nous comparons aussi la durée des voyelles vietnamiennes dans deux contextes de consonnes ou semi-voyelle finales : l'une des trois consonnes finales /p, t, k/ ou l'une des deux semi-voyelles finales /w, j/. Les résultats présentés dans la figure 3-6 ci-dessus nous montrent que les voyelles vietnamiennes sont prononcées avec une durée stable, qui ne change pas beaucoup en fonction du son final (sauf deux voyelles /a/ et /ɛ/).

Nous pouvons conclure que la durée des voyelles vietnamiennes est un paramètre stable. La différence sur la durée des trois séries de voyelles longues et brèves /a, ă/, /ɤ, ɤ̆/ et /ɔ, ɔ̆/ dans les contextes (C1)VC2 et (C1)VS nous conduit à penser que la durée vocalique peut-être un bon paramètre pour opposer voyelles longues et brèves en vietnamien. Cependant, afin de vérifier cette hypothèse, il faut faire des tests de perception sur la durée des voyelles (cf. le paragraphe 3.2.2.4 du chapitre 3).

3.2.2.3 Analyse de la durée de transition et des semi-voyelles finales

Dans les parties précédentes, les résultats de mesure nous ont montré que les neuf voyelles vietnamiennes /a, ă, ɤ, ɤ̆, ɔ, ɔ̆, ɛ, u, i/ peuvent être distinguées par des caractéristiques acoustiques statiques. Particulièrement, chaque série des voyelles longues et brèves /a, ă/, /ɤ, ɤ̆/ et /ɔ, ɔ̆/ qui présentent les mêmes valeurs des formants F1, F2, a été discriminée par sa durée. Cependant, le fait d'avoir toujours besoin d'un son final dans l'articulation des voyelles brèves nous conduit à penser qu'il est très possible qu'il existe des caractéristiques qui apparaissent non seulement sur la partie noyau V mais encore sur les parties suivantes (la partie de la transition et la partie de son final). Nous nous intéressons tout d'abord aux caractéristiques acoustiques statiques, c'est-à-dire la durée de la transition formantique VC2 / VS et la durée de la voyelle S dans contexte de (C1)VS.

Nous définissons la durée de la transition d'un formant (F1dur, F2dur, F3dur) comme l'espace de temps qui est compté depuis la valeur initiale de la transition formantique jusqu'à son point final. Donc, la durée de transition entre une voyelle et un son final (l'une des trois consonnes finales /p, t, k/ ou l'une des deux semi-voyelles finales /w, j/) correspond à la valeur moyenne de ces trois valeurs F1dur, F2dur et F3dur.

Nous effectuons une mesure de la transition formantique sur toutes les combinaisons possibles des neuf voyelles vietnamiennes /a, ă, ɤ, ɤ̆, ɔ, ɔ̆, i, u, ɛ/ avec un son final (l'une des trois consonnes finales /p, t, k/) dans le contexte (C1)VC2, ou l'une des deux semi-voyelles finales /w, j/ dans le contexte (C1)VS. La figure 3-7 et la figure 3-8 ci-dessous représentent la durée moyenne de la transition formantique et écart-type des combinaisons VC2 et VS, respectivement.

Il est intéressant de noter que :

- dans un même contexte d'une voyelle V, de manière globale la durée moyenne de la transition VC2 (cf. figure 3-7) et VS (cf. figure 3-8) ne change pas beaucoup ;
- en comparant les trois séries voyelles longues et brèves /a, ă/, /ɤ, ɤ̆/ et /ɔ, ɔ̆/, nous constatons que la durée moyenne de la transition VC2 et VS est un peu plus grande si la voyelle V est longue mais les différences entre écarts-types n'étant pas significatifs, la distinction de voyelle longue et brève n'est pas totale.

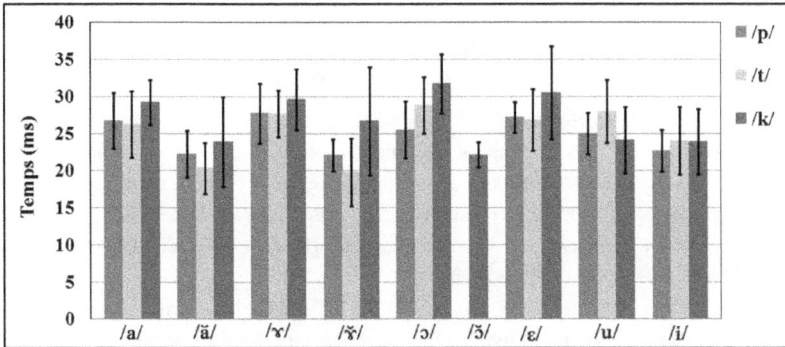

Figure 3-7 : Durées moyennes et écarts-types de la transition VC2 dans les syllabes (C1)VC2 où C1 est la consonne initiale /b/, V est l'une des neuf voyelles /a, ă, ɤ, ɤ̆, ɔ, ɔ̆, ɛ, u, i/, C2 est l'une des trois consonnes finales /p, t, k/. La voyelle /ɔ̆/ ne se combine jamais avec les deux consonnes finales /p/ et /t/

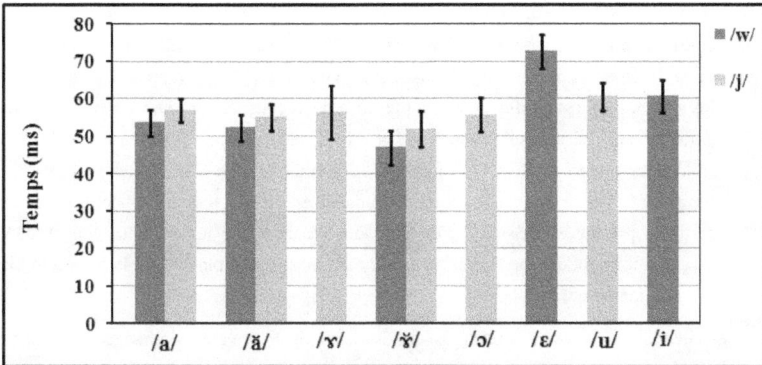

Figure 3-8 : Durées moyennes et écarts-types de la transition VS dans les syllabes (C1)VS où C1 est la consonne initial /b/, V est l'une des huit voyelles /a, ă, ɤ, ɤ̆, ɔ, ɛ, u, i/, S est l'une des deux semi-voyelles finales /w, j/

Nos résultats concordent avec les études de Kent en 1969 et les travaux de Gay, en 1978 pour la langue anglais américain. En fait, Kent, en étudiant les caractéristiques du conduit vocal des sons occlusifs apparentés, a confirmé que la durée de la transition des combinaisons VC et CV et non pas sa vitesse, est une caractéristique invariante [Kent and Moll, 1969]. En 1978, Gay a aussi confirmé ces observations avec des vitesses de parole différentes : la durée de la transition quelque soit la vitesse de la parole est relativement stable pour des voyelles différentes [Gay, 1978].

Nous nous intéressons maintenant à la durée de la partie vocalique finale VS (incluant la durée de la voyelle V, la durée de la transition VS et la durée de la semi-voyelle finale S) dans les syllabes C1VS et VS. La figure 3-9 représente deux durées moyennes et écarts-types de la partie finale VS, l'une mesurée sur les syllabes VS et l'autre mesurée sur les syllabes C1VS. Notons que la valeur moyenne de la durée est calculée pour toutes les combinaisons de V et S sans distinguer les oppositions de durée pour V. Il est intéressant de noter que :

- bien que la durée de la syllabe (VS et C1VS) soit calculée pour toutes les combinaisons de V et S quelle que soit leur longueur, la durée des syllabes VS et C1VS est stable ; les écarts-types sont très petits 9 ms (4% de la durée moyenne des syllabes VS et C1VS) ; ces résultats concordent avec les études sur la durée des syllabes vietnamiennes en parole discontinue [Doan, 1999 ; Vu, 1999 ; Nguyen, 2002] et en parole continue [Tran, 2007] ; en fait, en étudiant la relation entre durée et ton de la syllabe, les auteurs [Doan, 1999], [Vu, 1999] et [Nguyen, 2002] ont prouvé que pour chaque ton, la durée de la syllabe isolée est assez stable. En 2007, un autre auteur [Tran, 2007] a montré une influence de la position (début, milieu et fin) de la syllabe dans la phrase sur sa durée ;

- dans les syllabes C1VS, la durée de la partie finale VS (199 ms) est un peu plus courte que celle des syllabes VS (217 ms) ; les auteurs [Doan, 1999 ; Vu, 1999 ; Nguyen, 2002 ; Tran, 2007] ont prouvé que dans la parole discontinue et la parole continue, pour chaque ton, la durée de la syllabe isolée est assez stable ; la réduction de la durée de la partie finale VS dans les syllabes C1VS par rapport leur durée dans les syllabes VS est expliquée par la présence de la consonne initiale C1;

- dans les deux séries des syllabes VS et C1VS, bien que les deux durées de la partie finale VS soient calculées pour toutes les combinaisons de V et S quelle que soit leur longueur, elles ne changent pas beaucoup (les écarts-types sont très petits) ; ici, nos résultats présentés dans la figure 3-9 sont mesurés sur les syllabes VS et C1VS supportant un même ton (ton plat) et occupant une même place dans la phrase (« Dire (C1)VS lentement »).

Comme précédemment, nous constatons que la durée de la voyelle V change fortement en fonction de la voyelle longue et la voyelle brève tandis que la durée de la transition VS ne change pas beaucoup. Si la durée de la partie finale VS reste inchangée, que la voyelle V soit longue ou brève (cf. figure 3-9), alors c'est nécessairement la durée de la semi-voyelle finale S qui varie.

Afin d'étudier cette variation, dans le contexte des syllabes (C1)VS, nous calculons la durée moyenne de chaque élément : la voyelle V, la transition VS, la semi-voyelle finale S, et la durée moyenne de la partie finale VS. La figure 3-10 ci-dessous représente le rapport de la durée moyenne de chaque élément sur la durée de la partie finale VS.

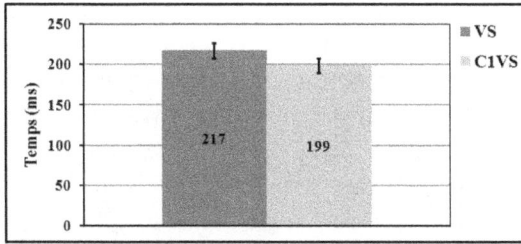

Figure 3-9 : Durées moyennes et écarts-types de la partie finale VS dans les syllabes (C1)VS où C1 est la consonne initiale /b/, V est l'une des huit voyelles /a, ă, ɤ, ɤ̆, ɔ, i, ɛ, u/, S est l'une des deux semi-voyelles finales /w, j/

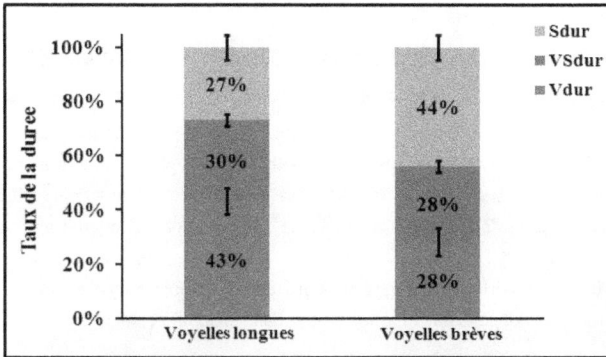

Figure 3-10 : Rapport de la durée de la voyelle V, de la durée de la transition VS et de la durée de la semi-voyelle finale S sur la durée totale de la partie finale VS en fonction des voyelles longues et brèves où V est l'une des huit voyelles /a, ă, ɤ, ɤ̆, ɔ, i, ɛ, u/ et S est l'une des deux semi-voyelles finales /w, j/

En regardant la figure 3-10, nous constatons que :

- la durée de la transition VS est plus stable que celle des autres éléments dans la partie VS des syllabes (C1)VS ; elle occupe en moyenne 29 % de la durée de la partie finale VS ;
- comme dans les résultats précédents, la durée de la voyelle V change beaucoup : en effet elle occupe de 28 % à 43 % de la durée de la partie finale VS selon que la voyelle V est une voyelle brève ou une voyelle longue, respectivement ;
- de manière complémentaire, la durée de la semi-voyelle finale S varie symétriquement en fonction de la durée de la voyelle V ; si V est une voyelle longue, la durée de la semi-voyelle finale S est courte (n'occupe que 27 %), mais si V est une voyelle brève, elle s'accroît et occupe alors 44 % de la durée de la partie finale.

Dans les syllabes (C1)VS, il semble donc qu'il existe une relation entre la durée de la voyelle

V et la durée de la semi-voyelle finale S : si la durée de la partie noyau (Vdur) est courte (particulièrement dans le cas des voyelles brèves), la durée de la semi-voyelle finale (Sdur) est prolongée et vice versa. Cette relation permet d'obtenir le ratio de durée entre la voyelle V et la semi-voyelle finale S, comme ci-dessous :

- Vdur = 1,6.Sdur, si la partie noyau V est une voyelle longue ;
- Sdur = 1,6.Vdur, si la partie noyau V est une voyelle brève.

Comme dans les syllabes (C1)VS, les trois séries voyelles longues et brèves en vietnamien peuvent être distinguées non seulement par la durée de la voyelle V mais encore de manière corollaire par la durée de la semi-voyelle finale S. Pour vérifier cette hypothèse, nous ferons des tests de perception sur la relation entre durée de la voyelle V et durée de la semi-voyelle finale S.

3.2.2.4 Tests de perception

Les résultats quantitatifs nous ont donc montré que les trois séries des voyelles longues et brèves /a, ă/, /ɤ, ɤ̆/ et /ɔ, ɔ̆/ dans les syllabes (C1)VC2 et (C1)VS peuvent être distinguées par la durée. Dans les syllabes (C1)VS, elles peuvent être aussi discriminées par la durée de la semi-voyelle finale S. Pour vérifier ces deux hypothèses, nous réalisons les tests de perception dans deux contextes : de syllabe VC2 et VS. Les tests de perception sont exécutés avec dix auditeurs vietnamiens (cinq hommes nommés A1, A2, A3, A4, A5 et cinq femmes nommés B1, B2, B3, B4, B5) qui viennent de villes au nord du Vietnam. La plupart des auditeurs habitent à Hanoi. Ils parlent la langue standard du Vietnam. Chaque auditeur et auditrice effectue de manière indépendante cinq fois le test dans un studio calme.

a. Test de perception dans le contexte des syllabes VC2

Dans ce test de perception, chaque voyelle /a/, /ɤ/ et /ɔ/ est synthétisée dans le contexte VC avec une durée initiale de 200 ms (une durée longue). Comme la voyelle /ɔ̆/ ne se combine jamais avec les deux consonnes finales /p/ et /t/, nous avons choisi, la consonne finale /k/ dans le cas de cette voyelle /ɔ̆/. Pour les deux voyelles /a/ et /ɤ/, la consonne finale C est la consonne finale /t/.

La figure 3-11 représente un exemple du test de perception dans le contexte VC où :

- V est la voyelle /a/ qui est synthétisée avec une durée initiale de 200 ms ;
- C est l'occlusive finale /t/ vietnamienne.

La méthode consiste à faire varier aléatoirement la durée de la voyelle synthétisée jusqu'à ce que la perception voyelle longue / voyelle brève devienne confuse pour l'auditeur.

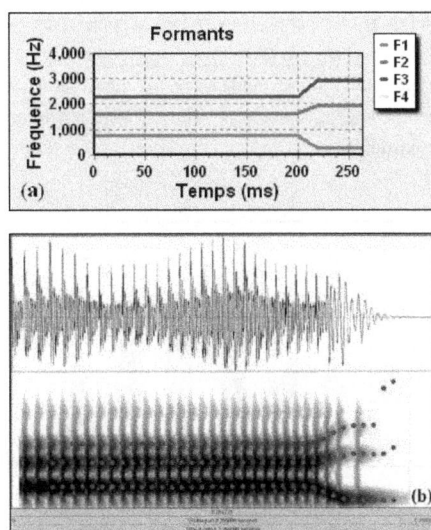

Figure 3-11 : Test de perception de la voyelle /a/ dans le contexte de la syllabe /a-t/. La voyelle /a/ est synthétisée avec une durée initiale de 200 ms : les formants commandés dans (a), le signal synthétisé et les trois premiers formants mesurés dans (b)

La figure 3-12 ci-dessous présente les résultats moyens du test de perception calculés pour cinq auditeurs (A1, A2, A3, A4, A5), pour cinq auditrices (B1, B2, B3, B4, B5) et pour dix auditeurs (A1, A2, A3, A4, A5, B1, B2, B3, B4, B5). Nous pouvons remarquer que :

- pour chaque série des voyelles /a, ă/, /ɤ, ɤ̆/ et /ɔ, ɔ̆/, il existe toujours un seuil de perception de frontière entre voyelle longue et voyelle brève ; dans tous les cas, en diminuant la durée de la voyelle longue, les auditeurs identifient les voyelles brèves /ă/, /ɤ̆/, /ɔ̆/, correspondant aux voyelles longues /a/, /ɤ/, /ɔ/ ;

- les seuils moyens des frontières de durée pour les trois séries des voyelles longues et brèves /a, ă/, /ɤ, ɤ̆/ et /ɔ, ɔ̆/ sont stables ; par exemple, pour les cinq auditeurs, le seuil moyen de perception de la frontière de durée des séries de voyelle /a, ă/, /ɤ, ɤ̆/ et /ɔ, ɔ̆/ est de 84 ms, 80 ms et 82 ms, respectivement ; pour les cinq auditrices, ils sont, respectivement, de 97 ms, 89 ms et 97 ms ; pour les dix auditeurs (hommes et femmes), ils sont respectivement de 90 ms, 85 ms et 89 ms (88ms en moyen) ; on peut donc dire qu'il n'y a pas d'effet remarquable du contexte consonantique (avec la consonne finale /t/ ou la consonne finale /k/) sur le seuil de perception de la frontière temporelle ;

- toutefois, les écarts-types des résultats sont grands (16 ms en moyen ce qui correspond à 18 % de la valeur moyenne des seuils) ; cela nous conduit à envisager deux possibilités :

o   la frontière de durée entre les voyelles longues et les voyelles brèves n'est pas une valeur précise, c'est en fait un espace perceptif flou ;

o   la perception du seuil de durée entre voyelles longues et voyelles brèves varie en fonction de chaque auditeur ; l'un et l'autre phénomène étant sans doute en grande partie liés.

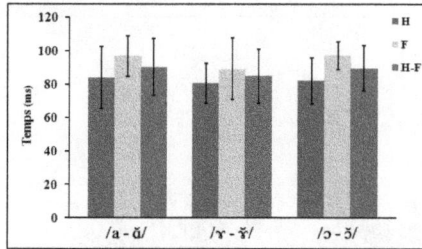

Figure 3-12 : Seuil temporel de perception de la frontière entre voyelle longue et voyelle brève dans le contexte VC où C est la consonne finale /t/ ou /k/, V est l'une des trois voyelles /a/, /ɤ/ et /ɔ/. Les valeurs moyennes sont calculées pour cinq auditeurs (H), pour cinq auditrices (F) et pour dix auditeurs (H - F)

Afin de trouver une réponse à cette dernière remarque, nous présentons les résultats concernant ces seuils pour chaque auditeur et auditrice (voir figure 3-13). On peut constater que :

-   chaque auditeur trouve toujours facilement (les écarts-types sont très petits, leur valeur moyenne est de 6 ms) une frontière de durée entre voyelle longue et voyelle brève ;

-   le seuil de perception de la frontière varie en fonction de chaque auditeur et auditrice ; sa valeur peut être grande ou petite, par exemple, la frontière de durée entre la voyelle longue /a/ et la voyelle brève /ă/ est 112 ms et 52 ms pour l'auditrice B3 et pour l'auditeur A4, respectivement ;

-   l'écart-type est toujours très réduit ; bien que cette frontière varie en fonction de l'auditeur et de l'auditrice, sa position est stable pour chaque personne.

Les résultats de ce premier test de perception nous permettent de conclure que dans le contexte des syllabes VC, les vietnamiens peuvent distinguer les voyelles longues et les voyelles brèves en se basant seulement sur leur durée relative.

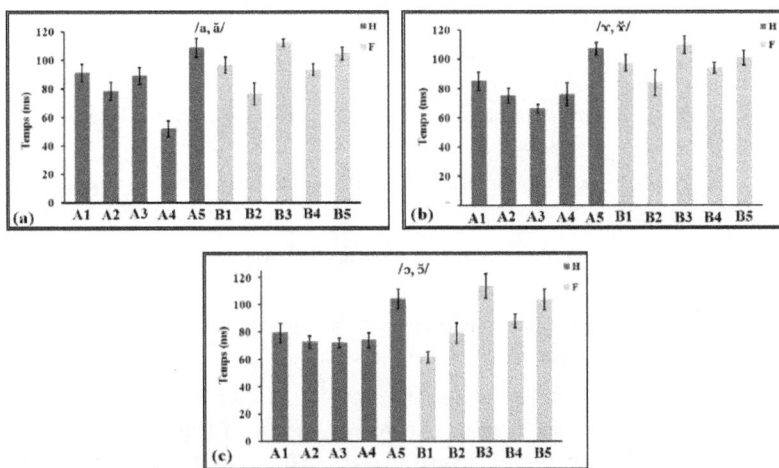

Figure 3-13 : Seuil temporel de perception de la frontière entre voyelle longue et voyelle brève dans le contexte VC où C est la consonne finale /t/ ou /k/, V est l'une des trois voyelles /a/, /ɤ/ et /ɔ/ pour chaque auditeur et auditrice : la série des voyelles /a, ă/ dans (a), la série des voyelles /ɤ, ɤ̆/ dans (b) et la série des voyelles /ɔ, ɔ̆/ dans (c)

b. Test de perception dans le contexte des syllabes VS

Nous passons maintenant au deuxième test de perception concernant précisément les valeurs relatives V et S. Les combinaisons des deux voyelles /a-i/, /a-ɔ/ et /ɤ-i/ sont synthétisées. La durée de la première voyelle V1 (V1dur), la durée de la deuxième voyelle V2 (V2dur) et la durée de la transition V1V2 sont changées en même temps dans ce test.

La figure 3-14 représente un exemple du test de perception dans le contexte V1V2 où :

- V1 est la voyelle /a/ qui est synthétisée avec une durée de 100 ms ;
- V2 est la voyelle /i/ qui est synthétisée avec une durée de 100 ms ;
- la durée de la transition V1V2 est 50 ms.

Tout d'abord, nous voulons estimer le rôle de la durée de la transition V1V2 dans les syllabes V1V2. Rappelons qu'au niveau de l'analyse des valeurs réelles, nous n'avons trouvé aucun rôle de la durée de la transition V1V2 dans la distinction voyelles longues et brèves. Cependant, au niveau perceptif, on a besoin de le vérifier et de l'évaluer. La méthode consiste à donner une valeur constante à /a/ et /i/ (125 ms pour chacune, ce qui correspond à une voyelle longue), et à varier la durée de la transition V1V2 de 25 ms (une durée courte) à 400 ms (une durée longue) en seize étapes.

Les dix auditeurs (cinq hommes et cinq femmes) écoutent cinq fois ces seize productions dans un ordre aléatoire et ils ont le choix ce qu'ils perçoivent (voir figure 3-15) :

- a-i (/a-i/ en phonétique) pour le cas où on perçoit deux voyelles /a/ et /i/ prononcées l'une sur l'autre ;

- ai (/aj/) pour le cas où on perçoit que la voyelle longue /a/ est suivie de la semi-voyelle /j/ ;
- ay (/ăj/) pour le cas où on perçoit que la voyelle brève /ă/ est suivie de la semi-voyelle /j/ ;
- aei (/a-ɛ-i/) pour le cas où on perçoit trois voyelles /a/, /ɛ/ et /i/ dans la séquence synthétisée ;
- aeêi (/a-ɛ-e-i/) pour le cas où on perçoit quatre voyelles /a/, /ɛ/, /e/ et /i/ dans la séquence synthétisée ;
- NAK (not acknowledgment) pour le cas où le son synthétisé n'est pas reconnu, ou il n'appartient pas à l'ensemble des sons ci-dessus.

Les résultats moyens calculés pour cinq auditeurs (A1, A2, A3, A4, A5), cinq auditrices (B1, B2, B3, B4, B5) et pour dix auditeurs (A1, A2, A3, A4, A5, B1, B2, B3, B4, B5) sont représentés dans les tableaux ci-dessous (tableau 3-2, tableau 3-3 et tableau 3-4, respectivement).

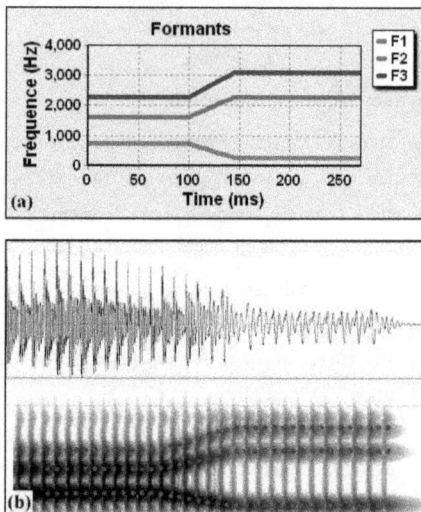

Figure 3-14 : Test de perception dans le contexte de la syllabe V1V2 où V1 est la voyelle /a/ (100 ms), et V2 est la voyelle /i/ (100ms), et la durée de la transition V1V2 est 50 ms : les formants commandés dans (a), le signal synthétisé et les trois premiers formants mesures dans (b)

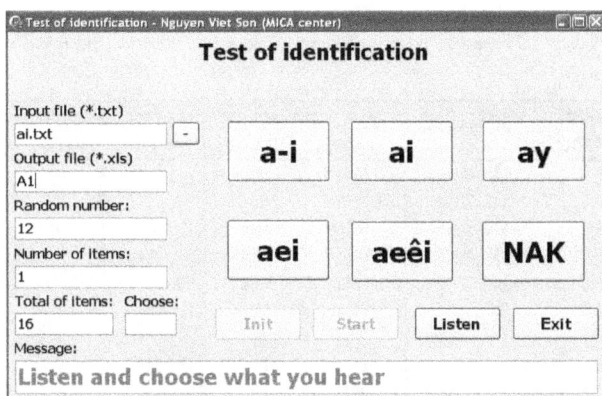

Figure 3-15 : Test de perception pour la durée de la transition V1V2 dans le contexte des syllabes V1V2

Tableau 3-2 : Test de perception pour la durée de la transition V1V2 où V1 est la voyelle /a/, V2 est la voyelle /i/. Les résultats moyens sont calculés pour cinq auditeurs vietnamiens

Durée de la transition V1V2 (ms)	Résultats des tests de perception (valeurs moyennes de cinq auditeurs)					
	/a-i/	/aj/	/ăj/	/a-ɛ-i/	/a-ɛ-e-i/	NAK
25	84%	16%	0%	0%	0%	0%
50	80%	20%	0%	0%	0%	0%
75	80%	20%	0%	0%	0%	0%
100	88%	4%	0%	8%	0%	0%
125	72%	12%	0%	16%	0%	0%
150	56%	8%	0%	36%	0%	0%
175	32%	4%	0%	64%	0%	0%
200	28%	4%	0%	68%	0%	0%
225	24%	0%	0%	76%	0%	0%
250	16%	0%	0%	72%	12%	0%
275	12%	4%	0%	76%	8%	0%
300	16%	0%	0%	44%	40%	0%
325	12%	0%	0%	44%	44%	0%
350	4%	0%	0%	44%	52%	0%
375	4%	0%	0%	32%	64%	0%
400	0%	0%	0%	28%	72%	0%

Tableau 3-3 : Test de perception pour la durée de la transition V1V2 où V1 est la voyelle /a/,V2 est la voyelle /i/. Les résultats moyens sont calculés pour cinq auditrices vietnamiennes

Durée de la transition V1V2 (ms)	Résultats des tests de perception (valeurs moyennes de cinq auditrices)					
	/a-i/	/aj/	/ăj/	/a-ɛ-i/	/a-ɛ-e-i/	NAK
25	76%	16%	0%	8%	0%	0%
50	64%	24%	0%	12%	0%	0%
75	68%	16%	0%	16%	0%	0%
100	72%	16%	0%	12%	0%	0%
125	40%	12%	0%	48%	0%	0%
150	28%	12%	0%	60%	0%	0%
175	16%	0%	0%	80%	4%	0%
200	20%	0%	0%	76%	4%	0%
225	12%	4%	0%	76%	4%	4%
250	16%	0%	0%	60%	24%	0%
275	0%	0%	0%	80%	20%	0%
300	0%	0%	0%	48%	48%	4%
325	0%	0%	0%	20%	80%	0%
350	4%	4%	0%	20%	72%	0%
375	0%	4%	0%	16%	80%	0%
400	0%	8%	0%	8%	84%	0%

Tableau 3-4 : Test de perception pour la durée de la transition V1V2 où V1 est la voyelle /a/, V2 est la voyelle /i/. Les résultats moyens sont calculés pour dix auditeurs vietnamiens (cinq hommes et cinq femmes)

Durée de la transition V1V2 (ms)	Résultats des tests de perception (valeurs moyennes de dix auditeurs)					
	/a-i/	/aj/	/ăj/	/a-ɛ-i/	/a-ɛ-e-i/	NAK
25	80%	16%	0%	4%	0%	0%
50	72%	22%	0%	6%	0%	0%
75	74%	18%	0%	8%	0%	0%
100	80%	10%	0%	10%	0%	0%
125	56%	12%	0%	32%	0%	0%
150	42%	10%	0%	48%	0%	0%
175	24%	2%	0%	72%	2%	0%
200	24%	2%	0%	72%	2%	0%
225	18%	2%	0%	76%	2%	2%
250	16%	0%	0%	66%	18%	0%
275	6%	2%	0%	78%	14%	0%
300	8%	0%	0%	46%	44%	2%
325	6%	0%	0%	32%	62%	0%
350	4%	2%	0%	32%	62%	0%
375	2%	2%	0%	24%	72%	0%
400	0%	4%	0%	18%	78%	0%

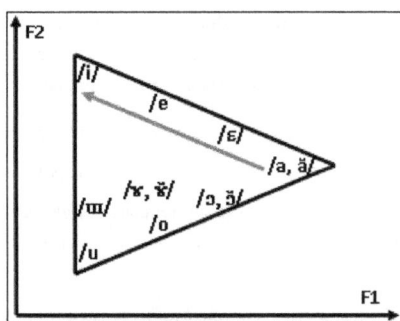

Figure 3-16 : Transition vocalique synthétisée et voyelles perçues (triangle schématique vocalique du vietnamien)

Il est intéressant de noter que :

- la plupart des sons synthétisés V1V2 (V1dur et V2dur de 125 ms et durée de transition V1V2 variant de 25 ms à 400 ms) sont reconnus par les vietnamiens ; à part la locutrice B5 qui a choisi deux fois NAK, les locuteurs et locutrices les identifient ;
- si l'on allonge la durée de la transition /a-i/, les vietnamiens peuvent entendre la troisième voyelle /ɛ/ et/ou même la quatrième voyelle /e/ ; quand la durée de la transition /a-i/ est assez longue (de 175 ms à 275 ms), la troisième voyelle /ɛ/ est reconnue et si l'on continue à allonger la durée de la transition /a-i/, les vietnamiens peuvent percevoir la quatrième voyelle /e/ ; en fait, ce résultat est expliqué parce que les deux voyelles /ɛ/ et /e/ occupent sur la trajectoire /a-i/ dans le plan de F1-F2 et à partir de la voyelle /a/ à la voyelle /i/, on arrive premièrement à la voyelle /ɛ/ (voir figure 3-16);
- quand on allonge la durée de la transition V1V2, la voyelle brève /ă/ n'est jamais reconnue : aucun auditeur et aucune auditrice ne sélectionne le choix /ăj/ ; il est important de noter que la durée de la transition dans le contexte V1V2 n'influe pas sur la distinction voyelle longue et voyelle brève ;
- lorsque la durée de la transition est faible (inférieure à 150 ms), la plupart des auditeurs perçoivent deux voyelles chevauchées /a/ et /i/, et accessoirement en séquence ;
- lorsque la durée de la transition est moyenne (entre 150 ms à 300 ms), la grande majorité des auditeurs perçoivent trois unités phonétiques /a-ɛ-i/ ;
- lorsque la durée de la transition est grande (de 300 ms a 400 ms), la plupart des auditeurs perçoivent quatre unités phonétiques /a-ɛ-e-i/, car cette durée longue ménage une espace temporel subjectif suffisant pour y percevoir dans le plan F1-F2 les deux voyelles intermédiaires entre /a/ et /i/, a savoir /ɛ/ et /e/ ;

- en comparant les résultats des auditeurs (cf. tableau 3-2) avec les résultats des auditrices (cf. tableau 3-3), on ne trouve pas de différence remarquable. Ces résultats présentent donc un caractère d'invariance homme / femme.

Dans le cas de la syllabe /a-w/ et /ɤ-j/, on fait un même test de perception : V1 (/a/, /ɤ/) et V2 (/ɔ/, /i/) au une durée constante (125 ms), la durée de la transition V1V2 est allongée de 25 ms à 200 ms en huit étapes. Les dix auditeurs (cinq hommes et cinq femmes) écoutent cinq fois ces huit productions dans un ordre aléatoire et choisissent en choix forcé quelle combinaison ils ont perçu :

- /a/-/ɔ/, /aw/, /ăw/, NAK pour la combinaison de la voyelle /a/ et la voyelle /ɔ/ ;

- /ɤ/-/j/, /ɤj/, /ˀɤj/, NAK pour la combinaison de la voyelle /ɤ/ et la voyelle /i/.

Tableau 3-5 : Test de perception pour la durée de la transition V1V2 où V1 est la voyelle /a/, V2 est la voyelle /ɔ/. Les résultats moyens sont calculés pour dix auditeurs vietnamiens (cinq hommes et cinq femmes)

Durée de la transition V1V2 (ms)	Résultats des tests de perception (valeurs moyennes de dix auditeurs)			
	/a-ɔ/	/aw/	/ăw/	NAK
25	100%	0%	0%	0%
50	18%	4%	0%	78%
75	100%	0%	0%	0%
100	100%	0%	0%	0%
125	100%	0%	0%	0%
150	100%	0%	0%	0%
175	98%	0%	0%	2%
200	98%	0%	0%	2%

Tableau 3-6 : Test de perception pour la durée de la transition V1V2 où V1 est la voyelle /ɤ/, V2 est la voyelle /i/. Les résultats moyens sont calculés pour dix auditeurs vietnamiens (cinq hommes et cinq femmes)

Durée de la transition V1V2 (ms)	Résultats des tests de perception (valeurs moyennes de dix auditeurs)			
	/ɤ-i/	/ɤj/	/ˀɤj/	NAK
25	76%	22%	0%	2%
50	86%	14%	0%	0%
75	78%	22%	0%	0%
100	92%	8%	0%	0%
125	96%	4%	0%	0%
150	90%	10%	0%	0%
175	86%	14%	0%	0%
200	88%	12%	0%	0%

Les résultats présentés dans le tableau 3-5 et le tableau 3-6 ci-dessus montrent que :

- malgré la variation de durée de transition V1V2 (V1 est la voyelle /a/ ou la voyelle /ɤ/, V2 est la voyelle /ɔ/ ou la voyelle /i/) est de 25 ms à 200 ms, la plupart des productions sont reconnues par les vietnamiens (sauf la valeur de 50 ms dans la combinaison de /a/ avec /ɔ/) ;

- semblablement au cas ci-dessus, dans les combinaisons de la voyelle /a/ avec /ɔ/, ou de la voyelle /ɤ/ avec /i/, si l'on allonge la durée de la transition V1V2, la voyelle brève (/ă/ ou /ˇɤ/) n'est plus reconnue ;

- les résultats dans le tableau 3-5 et le tableau 3-6 montrent en effet qu'aucun locuteur et aucune locutrice ne sélectionne la syllabe /ăw/ et /ˇɤj/ ;

- plus précisément, dans tableau 3-5, la séquence /a/ et /ɔ/ n'est jamais perçue comme une succession de deux éléments vocaliques différents, mais comme un chevauchement de /a/ et de /ɔ/ ; pour /ɤ/ et /i/, les résultats vont dans le même sens, mais une séquence successive des deux items intervient par fois (en général de 10 % à 22 %).

Dans la mesure où tous ces résultats n'opposent jamais une perception voyelle longue / voyelle brève, où la variation de la durée de transition se réduit à l'introduction de nouvelles unités phonétiques, nous pouvons donc affirmer que la durée de la transition dans le contexte V1V2 n'est pas importante pour distinguer voyelle longue et voyelle brève.

Nous poursuivons maintenant l'analyse des tests de perception dans le contexte V1V2 sur la durée de la voyelle V1 et aussi sur la durée de la voyelle V2. On garde maintenant la durée de la transition V1V2 en constante (50 ms) et tout en maintenant la plupart du temps une opposition de longueur entre elles, on diminue les deux durées de la voyelle V1 et V2 en même temps, de 125 ms (une durée longue) à 25 ms (une durée courte). Les dix auditeurs écoutent cinq fois les combinaisons synthétisées V1V2 (V1 est l'une des voyelles /a, ɤ/ et V2 est l'une des voyelles /i, ɔ/) dans un ordre aléatoire et choisissent quelle combinaison ils ont entendue : /a-i/, /aj/, /ăj/, /a-ɔ/, /aw/, /ăw/, /ɤ-i/, /ɤj/, /ˇɤj/ et NAK.

Les trois tableaux ci-dessous (tableau 3-7, tableau 3-8 et tableau 3-9) présentent tout d'abord les résultats moyens des tests de perception (calculés pour cinq auditeurs et cinq auditrices) dans le contexte V1V2 (V1 est la voyelle /a/ et V2 est la voyelle /i/). Il est intéressant de noter que :

- la plupart des combinaisons entre la voyelle /a/ et la voyelle /i/ sont reconnues par les vietnamiens ; il n'y a qu'une combinaison entre 25 ms de la V1drur et 125ms de la V2dur qui est reconnue un peu plus difficilement (le taux de reconnaissance correcte de NAK est 10 %) ;

- quelles que soient les durées relatives de V1 et V2, dans la très grande majorité des cas, deux unités vocaliques sont seulement perçues (mais jamais trois ni quatre) ;

- quand la durée de la voyelle V1 (V1dur) est longue (de 125 ms à 75 ms), une durée longue de la voyelle V2 (de 100 ms à 125 ms) tend naturellement à faire percevoir deux unités indépendantes chevauchées ; une durée inférieure de V2 fait percevoir majoritairement deux unités successives /aj/, avec une /a/ naturellement longue ;

Tableau 3-7 : Test de perception pour la durée de la voyelle V1 et V2 dans le contexte V1V2 où V1 est la voyelle /a/, V2 est la voyelle /i/. Les résultats moyens sont calculés pour dix auditeurs vietnamiens (cinq hommes et cinq femmes)

Durée		Résultats des tests de perception (valeurs moyennes de dix auditeurs)					
V1 (ms)	V2 (ms)	/a-i/	/aj/	/ăj/	/a-ɛ-i/	/a-ɛ-e-i/	NAK
125	125	72%	22%	0%	6%	0%	0%
125	100	60%	36%	2%	2%	0%	0%
125	75	26%	74%	0%	0%	0%	0%
125	50	16%	84%	0%	0%	0%	0%
125	25	0%	98%	0%	2%	0%	0%
100	125	86%	14%	0%	0%	0%	0%
100	100	72%	22%	6%	0%	0%	0%
100	75	28%	68%	4%	0%	0%	0%
100	50	8%	88%	4%	0%	0%	0%
100	25	2%	98%	0%	0%	0%	0%
75	125	74%	10%	14%	2%	0%	0%
75	100	62%	14%	24%	0%	0%	0%
75	75	36%	34%	30%	0%	0%	0%
75	50	6%	56%	38%	0%	0%	0%
75	25	2%	74%	24%	0%	0%	0%
50	125	52%	2%	44%	0%	0%	2%
50	100	22%	2%	74%	0%	0%	2%
50	75	10%	2%	88%	0%	0%	0%
50	50	0%	10%	90%	0%	0%	0%
50	25	0%	20%	80%	0%	0%	0%
25	125	22%	0%	66%	2%	0%	10%
25	100	6%	0%	88%	0%	0%	6%
25	75	0%	2%	98%	0%	0%	0%
25	50	0%	0%	100%	0%	0%	0%
25	25	0%	2%	98%	0%	0%	0%

- quand V1dur est moyenne (75 ms) et V2dur longue (de 100 ms à 125 ms), les résultats vont dans le même sens que précédemment, mais dans la mesure où V2dur est plus élevée que V1dur, une petite proportion des auditeurs perçoit une séquence avec /ă/ : /ăj/ ;
- quand V1dur est courte (50 ms) et V2dur est longue (125 ms), la double perception chevauchée de /a-i/ persiste, mais quand V2dur tend à diminuer (et donc à équilibrer

en longueur V1 qui est brève), alors les auditeurs perçoivent comme il se doit V1 comme un /ă/ ;

- quand V1dur est très courte, le processus observe précédemment pour V1dur de 50 ms, est amplifié dans la mesure où la durée de /ă/ est encore plus courte.

En conclusion, on peut dire que :

- il y a perception de deux voyelles /a/ et /i/ lorsque les deux items sont longs car la durée totale de la double séquence excède le patron temporel standard d'une diphtongue ;
- la perception d'une /a/ longue nécessite que la séquence V1 soit au moins deux fois plus longue que la séquence V2 (voir tableau 3-8) ;
- la perception d'un /ă/ bref est majoritairement inverse lorsque V1 est courte et/ou que V2 est plus grande que V1.

Tableau 3-8 : Principaux résultats des tests de perception pour les syllabes /aj/ et /ăj/. Les résultats moyens sont calculés pour dix auditeurs vietnamiens (cinq hommes et cinq femmes)

Durée		Résultats des tests de perception (valeurs moyennes de dix auditeurs)		
V1 (ms)	V2 (ms)	/aj/	/ăj/	Rélation entre V1 et V2
125	50	84%	0%	V1dur = 2,5.V2dur
125	25	98%	0%	V1dur = 5.V2dur
100	50	88%	4%	V1dur = 2.V2dur
100	25	98%	0%	V1dur = 4.V2dur
50	75	2%	88%	V2dur = 1,5.V1dur
50	50	10%	90%	V2dur = V1dur
50	25	20%	80%	V2dur = 0,5.V1dur
25	100	0%	88%	V2dur = 4.V1dur
25	75	2%	98%	V2dur = 3.V1dur
25	50	0%	100%	V2dur = 2.V1dur
25	25	2%	98%	V2dur = V1dur

La figure 3-17 illustre concrètement les résultats moyens de ces tests de perception. Elle nous aide à mieux comprendre le changement de taux de reconnaissance correcte de /a-i/, /aj/, /ăj/ en fonction des variations de la durée relative des voyelles V1 et V2. La figure 3-17 ne représente pas le taux de reconnaissance correcte de /a-ɛ-i/, ou de /a-ɛ-e-i/, ou de NAK, parce qu'ils sont très petits.

Le tableau 3-9 ci-dessous compare les résultats des tests de perception entre les auditeurs et les auditrices. On ne trouve pas de différences importantes dans les perceptions de /a/ et /ă/ juste une dispersion un peu plus grande pour les auditrices (concernant /aj/).

Alors, nous pouvons conclure que dans le contexte V1V2 ce sont les quantités absolues (pour la perception de deux voyelles chevauchées) et relatives (pour la perception d'une diphtongue avec opposition contrastive /a/ et /ă/) qui sont déterminantes pour l'indentification des items phonétiques et notamment pour la distinction des traits longs et brefs (V1 est la voyelle /a/, V2 est la voyelle /i/). La durée de la voyelle V1 et aussi celle de la voyelle V2 jouent un rôle important pour distinguer entre les voyelles longues et brèves dans la langue vietnamienne.

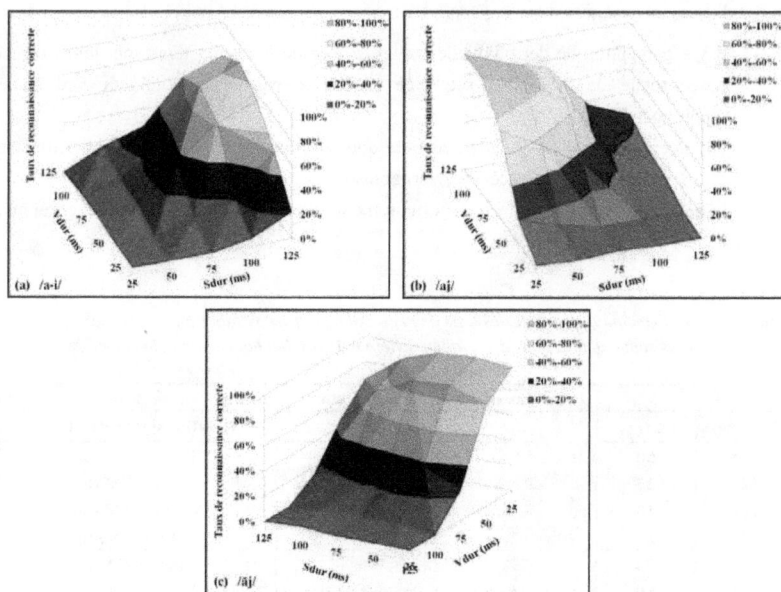

Figure 3-17 : Résultats des tests de perception des auditeurs (hommes et femmes) pour la durée de la voyelle V1 et V2 dans le contexte V1V2 où V1 est la voyelle /a/, V2 est la voyelle /i/ : (a) pour /a-i/, (b) pour /aj/ et (c) pour /ăj/

Nous abordons ensuite (cf. tableau 3-10 et tableau 3-11) le même type d'étude, mais avec V2 étant /ɔ/. Les résultats vont-ils être comparables ? On remarque tout de suite quelques différences :

- la succession /a-ɔ/ est quantitativement moins fréquente que pour /a-i/ (avec un faible pourcentage de reconnaissance) ;
- les séquences non reconnues NAK sont beaucoup plus fréquentes (avec des pourcentages élevés) que dans le cas /a-i/.

Tableau 3-9 : Comparaison des principaux résultats des tests de perception entre les auditeurs et les auditrices pour les syllabes /aj/ et /ăj/

| Durée | | Résultats des tests de perception (valeurs moyennes) | | | | Rélation entre V1 et V2 |
| | | /aj/ | | /ăj/ | | |
V1 (ms)	V2 (ms)	Auditeurs	Auditrices	Auditeurs	Auditrices	
125	50	92%	76%	0%	0%	V1dur = 2,5.V2dur
125	25	100%	96%	0%	0%	V1dur = 5.V2dur
100	75	88%	48%	0%	8%	V1dur = 1,3.V2dur
100	50	92%	84%	4%	4%	V1dur = 2.V2dur
100	25	100%	96%	0%	0%	V1dur = 4.V2dur
75	25	88%	60%	12%	36%	V1dur = 3.V2dur
50	100	4%	0%	80%	68%	V2dur = 2.V1dur
50	75	0%	4%	96%	80%	V2dur = 1,5.V1dur
50	50	12%	8%	88%	92%	V2dur = V1dur
50	25	12%	28%	88%	72%	V2dur = 0,5.V1dur
25	100	0%	0%	88%	88%	V2dur = 4.V1dur
25	75	4%	0%	96%	100%	V2dur = 3.V1dur
25	50	0%	0%	100%	100%	V2dur = 2.V1dur
25	25	4%	0%	96%	100%	V2dur = V1dur

Au niveau maintenant des ressemblances, on note que :

- pour les V1dur supérieures ou égales à 75 ms, plus V1dur est longue et plus V2dur est courte, plus les auditeurs ont tendance à percevoir une séquence avec la voyelle /a/ longue : /aw/ ;
- plus V1dur est courte (plus petite que 50 ms), plus V2dur diminue, et plus les auditeurs ont tendance à percevoir une séquence avec la voyelle /ă/ brève : /ăw/ ;
- dans les durées moyennes de V1 (75 ms et 50 ms), on n'observe secondairement qu'une durée de V1 supérieure à V2dur avec tendance à induire le choix de quelques locuteurs :
  - o pour V1dur de 75 ms, vers /ăw/ (brève) ;
  - o pour V1dur de 50 ms, vers /aw/ (longue).

Comme précédemment pour /a/ et /i/ :

- une durée de V1 longue (de 125 ms à 75 ms) et de deux à cinq fois supérieure à celle de V2 tend à privilégier le choix de la séquence avec /a/ longue : (/aw/) ;
- une durée de V1 courte (de 25 ms à 50 ms) et une durée de V2 courte (de 0.5 à 2 fois la V1dur) entraine une perception majoritaire de la séquence avec /ă/ brève (/ăw/).

Afin de voir plus concrètement et plus clairement le changement de taux de reconnaissance correcte de /a-ɔ/, /aw/, /ăw/ et NAK en fonction des variations de la durée de la voyelle V1 et V2, les résultats dans le tableau 3-10 sont représentés dans la figure 3-18 ci-dessous.

Tableau 3-10 : Test de perception pour la durée de la voyelle V1 et V2 dans le contexte V1V2 où V1 est la voyelle /a/, V2 est la voyelle /ɔ/. Les résultats moyens sont calculés pour dix auditeurs vietnamiens (cinq hommes et cinq femmes)

Durée		Résultats des tests de perception (valeurs moyennes de dix auditeurs)			
V1 (ms)	V2 (ms)	/a-ɔ/	/aw/	/ăw/	NAK
125	125	18%	4%	0%	78%
125	100	8%	20%	0%	72%
125	75	4%	50%	0%	46%
125	50	2%	84%	0%	14%
125	25	0%	100%	0%	0%
100	125	14%	4%	0%	82%
100	100	14%	12%	4%	70%
100	75	12%	50%	2%	36%
100	50	4%	78%	4%	14%
100	25	2%	90%	8%	0%
75	125	16%	10%	2%	72%
75	100	10%	12%	14%	64%
75	75	14%	34%	6%	46%
75	50	10%	58%	28%	4%
75	25	0%	80%	16%	4%
50	125	14%	12%	8%	66%
50	100	12%	14%	18%	56%
50	75	4%	16%	48%	32%
50	50	0%	20%	72%	8%
50	25	0%	28%	70%	2%
25	125	10%	6%	16%	68%
25	100	4%	8%	42%	46%
25	75	0%	4%	66%	30%
25	50	0%	6%	92%	2%
25	25	0%	10%	90%	0%

Le tableau 3-12 ci-dessous compare les résultats de test de perception entre les auditeurs et les auditrices. Concernant la comparaison des résultats portant sur la perception des séquences entre hommes et femmes, on constate que :

- lorsque V1dur est longue (supérieure 75 ms), et de deux à cinq fois plus longue que V2dur, un plus grand nombre d'auditeurs identifient la séquence avec une voyelle longue /a/ : la dispersion est plus importante chez les femmes ; néanmoins, à cause d'un nombre réduit de sujets (ce test de perception n'a été réalisé que dans le contexte de la voyelle /a/ avec cinq hommes et cinq femmes, cinq fois pour chacun et chacune), cette différence n'est probablement sans doute pas significative ;
- lorsque V1dur est brève (inférieur à 50 ms) et que V2dur l'est également (inférieur à 75 ms), la séquence avec la voyelle brève /ă/ est davantage perçue, et avec des pourcentages généralement d'autant plus élevés, que V1dur, proportionnellement à V2dur plus courte ; la dispersion ici semble partagée entre hommes et femmes.

Tableau 3-11 : Principaux résultats des tests de perception pour les syllabes /aw/ et /ăw/. Les résultats moyens sont calculés pour dix auditeurs (cinq hommes et cinq femmes) vietnamiens

Durée		Résultats des tests de perception (valeurs moyennes de dix auditeurs)		
V1 (ms)	V2 (ms)	/aw/	/ăw/	Rélation entre V1 et V2
125	50	84%	0%	V1dur = 2,5.V2dur
125	25	100%	0%	V1dur = 5.V2dur
100	50	78%	4%	V1dur = 2.V2dur
100	25	90%	8%	V1dur = 4.V2dur
75	25	80%	16%	V1dur = 3.V2dur
50	50	20%	72%	V2dur = V1dur
50	25	28%	70%	V2dur = 0,5.V1dur
25	50	6%	92%	V2dur = 2.V1dur
25	25	10%	90%	V2dur =V1dur

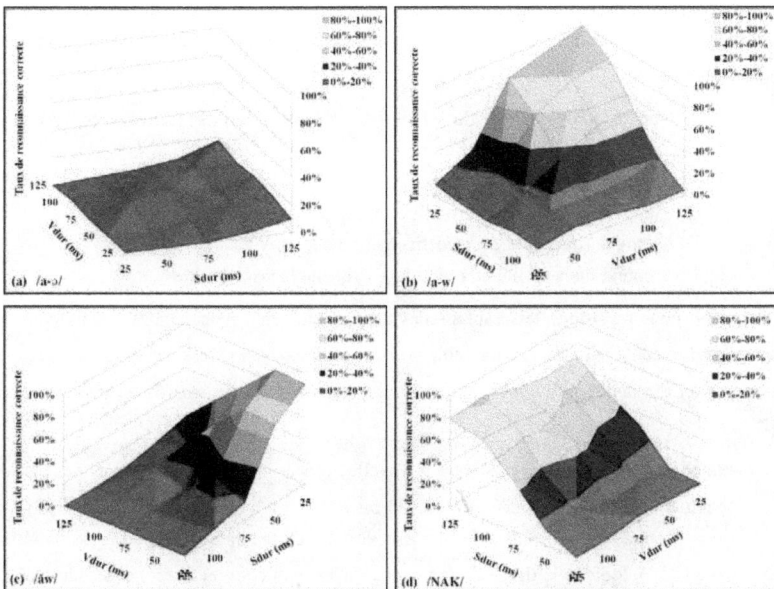

Figure 3-18 : Les résultats des tests de perception des auditeurs (hommes et femmes) pour la durée de la voyelle V1 et V2 dans le contexte V1V2 où V1 est la voyelle /a/, V2 est la voyelle /ɔ/ : (a) pour /a-ɔ/, (b) pour /aw/, (c) pour /ăw/ et (d) pour NAK

Tableau 3-12 : Comparaison des principaux résultats des tests de perception entre les auditeurs et auditrices pour les syllabes /aw/ et /ăw/

Durée		Résultats des tests de perception (valeurs moyennes)				
		/aw/		/ăw/		Rélation entre V1 et V2
V1 (ms)	V2 (ms)	Auditeurs	Auditrices	Auditeurs	Auditrices	
125	50	92%	76%	0%	0%	V1dur = 2,5.V2dur
125	25	100%	100%	0%	0%	V1dur = 5.V2dur
100	50	96%	60%	0%	8%	V1dur = 2.V2dur
100	25	92%	88%	8%	8%	V1dur = 4.V2dur
75	50	72%	44%	20%	36%	V1dur = 1,5.V2dur
75	25	100%	60%	0%	32%	V1dur = 3.V2dur
50	50	28%	12%	64%	80%	V1dur = V2dur
50	25	36%	20%	64%	76%	V1dur = 2.V2dur
25	75	0%	8%	76%	56%	V2dur = 3.V1dur
25	50	4%	8%	96%	88%	V2dur = 2.V1dur
25	25	4%	16%	96%	84%	V2dur = V1dur

Comme pour les séquences avec /i/, nous pouvons conclure que pour les séquences avec /ɔ/, nous avons :

- d'une part la durée absolue de V1 permet d'identifier une séquence avec /a/ ou /ă/ (élevé 75 ms pour /a/, inférieur 50 ms pour /ă/) ;
- d'autre part une durée relative de V2 :
  o nettement plus courte oriente le choix perceptif vers une séquence avec /a/ longue (quand /a/ est effectivement quantitativement longue) ;
  o courte mais du même ordre de V1 (quand la voyelle /a/ est brève).

Maintenant, nous regardons les résultats des tests de perception des combinaisons entre la voyelle /ɤ/, avec la voyelle /i/. Le tableau 3-13 ci-dessous présente les résultats moyens calculés pour dix auditeurs (cinq hommes et cinq femmes) vietnamiens. Il est intéressant de noter que :

- la plupart des combinaisons entre la voyelle /ɤ/ et la voyelle /i/ sont reconnues par les vietnamiens, si leur durée varie de 125 ms à 25 ms ; il n'y a qu'une combinaison qui est reconnue un peu plus difficilement (le taux de reconnaissance correcte de NAK est 10 %), lorsque la durée de la voyelle /ɤ/ est très courte (25 ms) et la durée de la voyelle /i/ est beaucoup plus longue (125 ms) ;
- la séquence /ɤ-i/ est reconnue si la durée de la voyelle /i/ est longue (soit 125 ms, soit 100 ms) et la durée de la voyelle /ɤ/ n'est pas plus courte que 50 ms ;
- la syllabe /ɤj/ est bien perçue (avec le taux moyen de reconnaissance correcte de 83 %) si la durée de la voyelle /ɤ/ est plus grand que 50 ms et la durée de la voyelle /i/ varie de 75 ms à 25 ms, mais elle doit être toujours plus petite que celle de la voyelle

/ɤ/ (voir tableau 3-14 ci-dessous) ;

- la syllabe /ɤj/ est perçue (avec un taux moyen de reconnaissance correcte de 68 %) si la durée de la voyelle /ɤ/ et de la voyelle /i/ est plus petite que le seuil de 25 ms et de 75 ms, respectivement (voir tableau 3-14) ; le taux de reconnaissance correcte de la syllabe /ɤj/ présente la meilleure valeur (72 %) par une combinaison entre 25 ms de la voyelle /ɤ/ et 75 ms de la voyelle /i/.

Tableau 3-13 : Test de perception pour la durée de la voyelle V1 etV2 dans le contexte V1V2 où V1 est la voyelle /ɤ/, V2 est la voyelle /i/. Les résultats moyens sont calculés pour dix auditeurs (cinq hommes et cinq femmes) vietnamiens

Durée		Résultats des tests de perception (valeurs moyennes de dix auditeurs)			
V1 (ms)	V2 (ms)	/ɤ-i/	/ɤj/	/ɤj/	NAK
125	125	86%	14%	0%	0%
125	100	70%	30%	0%	0%
125	75	38%	62%	0%	0%
125	50	20%	80%	0%	0%
125	25	14%	86%	0%	0%
100	125	82%	18%	0%	0%
100	100	66%	34%	0%	0%
100	75	44%	54%	0%	2%
100	50	10%	88%	0%	2%
100	25	4%	94%	0%	2%
75	125	86%	12%	2%	0%
75	100	72%	28%	0%	0%
75	75	38%	58%	2%	2%
75	50	12%	86%	2%	0%
75	25	8%	92%	0%	0%
50	125	86%	6%	8%	0%
50	100	58%	18%	22%	2%
50	75	28%	50%	20%	2%
50	50	10%	54%	36%	0%
50	25	6%	76%	16%	2%
25	125	34%	4%	52%	10%
25	100	26%	14%	50%	10%
25	75	6%	22%	72%	0%
25	50	2%	32%	64%	2%
25	25	2%	28%	68%	2%

La figure 3-19 ci-dessous illustre concrètement les résultats dans le tableau 3-13. Elle nous aide à constater plus clairement le changement de taux de reconnaissance correcte de /ɤ-i/, /ɤj/, /ɤj/ en fonction des variations de la durée de la voyelle V1 et V2. Le taux de reconnaissance correcte de NAK n'est pas représenté, car il est très petit (pratiquement égal à zéro).

Tableau 3-14 : Principaux résultats des tests de perception pour les syllabes /ɤj/ et /ɤ̆j/. Les résultats moyens sont calculés pour dix auditeurs (cinq hommes et cinq femmes) vietnamiens

Durée		Résultats des tests de perception (valeurs moyennes de dix auditeurs)		
V1 (ms)	V2 (ms)	/ɤj/	/ɤ̆j/	Rélation entre V1 et V2
125	75	62%	0%	V1dur = 1,67.V2dur
125	50	80%	0%	V1dur = 2,5.V2dur
125	25	86%	0%	V1dur = 5.V2dur
100	50	88%	0%	V1dur = 2.V2dur
100	25	94%	0%	V1dur = 4.V2dur
75	50	86%	2%	V1dur = 1,5.V2dur
75	25	92%	0%	V1dur = 3.V2dur
50	25	76%	16%	V1dur = 2.V2dur
25	75	22%	72%	V2dur = 3.V1dur
25	50	32%	64%	V2dur = 2.V1dur
25	25	28%	68%	V2dur = V1dur

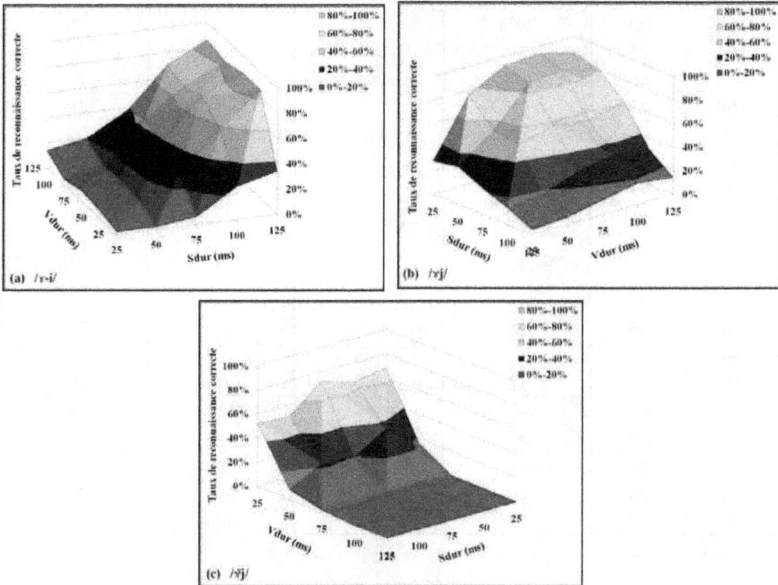

Figure 3-19 : Résultats des tests de perception des auditeurs (hommes et femmes) pour la durée de la voyelle V1 et V2 dans le contexte V1V2 où V1 est la voyelle /ɤ/, V2 est la voyelle /i/ : (a) pour /ɤ-i/, (b) pour /ɤj/, (c) pour /ɤ̆j/

Le tableau 3-15 compare le taux de reconnaissance correct des syllabes /ɤj/ et /ɤ̆j/ entre les auditeurs et les auditrices. On constate que les auditeurs et mêmes les auditrices commencent à reconnaître la voyelle brève /ɤ̆/ (c'est-à-dire la syllabe /ɤ̆j/) quand la durée de la voyelle /ɤ/ est plus petite que 50 ms et quand la durée de la voyelle /i/ est plus courte que 75 ms. Cependant, les auditrices peuvent la percevoir mieux que les auditeurs, avec un taux moyen de reconnaissance correcte de 79 % et 57 %, respectivement. Le meilleur taux de reconnaissance correcte est 84 % pour les auditrices et de 60 % pour les auditeurs. Contrairement à la voyelle brève /ɤ̆/, les auditeurs reconnaissent la voyelle longue /ɤ/ mieux que les auditrices, avec un taux moyen de 89 % et 77 %, respectivement. Néanmoins, à cause d'un nombre réduit de sujets (ce test de perception n'a été réalisé que dans le contexte de la voyelle /a/ avec cinq hommes et cinq femmes, cinq fois pour chacun et chacune), il n'est pas suffisant et ne permet pas un début d'explication.

Tableau 3-15 : Comparaison des principaux résultats des tests de perception entre les auditeurs et les auditrices pour les syllabes /ɤj/ et /ɤ̆j/

Durée		Résultats des tests de perception (valeurs moyennes)				
		/ɤj/		/ɤ̆j/		Rélation entre V1 et V2
V1 (ms)	V2 (ms)	Auditeurs	Auditrices	Auditeurs	Auditrices	
125	75	72%	52%	0%	0%	V1dur = 1,67.V2dur
125	50	92%	68%	0%	0%	V1dur = 2,5.V2dur
125	25	92%	80%	0%	0%	V1dur = 5.V2dur
100	50	92%	84%	0%	0%	V1dur = 2.V2dur
100	25	96%	92%	0%	0%	V1dur = 4.V2dur
75	50	92%	80%	0%	4%	V1dur = 1,5.V2dur
75	25	96%	88%	0%	0%	V1dur = 3.V2dur
50	25	80%	72%	12%	20%	V1dur = 2.V2dur
25	75	28%	16%	60%	84%	V2dur = 3.V1dur
25	50	40%	24%	56%	72%	V2dur = 2.V1dur
25	25	40%	16%	56%	80%	V2dur = V1dur

On peut conclure que dans le contexte VS, les paramètres importants qui permettent aux vietnamiens de distinguer et de reconnaître les deux séries des voyelles longues et brèves /a, ă/, /ɤ, ɤ̆/, sont la durée de la voyelle V et la durée de la semi-voyelle S (l'une des deux semi-voyelles vietnamiennes /j, w/). La durée de la transition VS ne joue aucun rôle important dans la distinction entre les voyelles longues et les voyelles brèves en langue vietnamienne. Le tableau 3-16 compare le taux de reconnaissance correcte des deux séries des voyelles /a, ă/ et /ɤ, ɤ̆/ en fonction du contexte des semi-voyelles finales /w/ et /j/ sur le taux de reconnaissance correcte de la voyelle longue et brève. En général, la série des voyelles /a, ă/ est différencié plus tôt (au seuil de 50 ms) que la série des voyelles /ɤ, ɤ̆/ (au seuil de 25 ms). Dans les deux contextes des semi-voyelles /w/ et /j/, la voyelle brève /ă/ est perçue plus facilement (avec un taux moyen de 80 %) que la voyelle brève /ɤ/ (qui présente un taux moyen de 64 %). Le meilleur taux de reconnaissance correct de la voyelle brève /ă/ est 96 %, tandis que celui de la voyelle brève /ɤ/ n'est que 72 %.

Tableau 3-16 : Comparaison du taux de reconnaissance correcte des séries des voyelles /a, ă/ et /ɤ, ɤ̆/ en fonction du contexte des semi-voyelles finales /w/ et /j/. Les valeurs moyennes sont calculées pour les dix auditeurs (cinq hommes et cinq femmes) vietnamiens

Durée		Résultats des tests de perception (valeurs moyennes de dix auditeurs)					
		Contexte de la semi-voyelle /j/				Contexte de la semi-voyelle /w/	
V1 (ms)	V2 (ms)	/a/	/ă/	/ɤ/	/ɤ̆/	/a/	/ă/
125	75	74%	0%	62%	0%	50%	0%
125	50	84%	0%	80%	0%	84%	0%
125	25	98%	0%	86%	0%	100%	0%
100	50	88%	4%	88%	0%	78%	4%
100	25	98%	0%	94%	0%	90%	8%
75	50	56%	38%	86%	2%	58%	28%
75	25	74%	24%	92%	0%	80%	16%
50	75	2%	88%	50%	20%	16%	48%
50	50	10%	90%	54%	36%	20%	72%
50	25	20%	80%	76%	16%	28%	70%
25	100	0%	88%	14%	50%	8%	42%
25	75	2%	98%	22%	72%	4%	66%
25	50	0%	100%	32%	64%	6%	92%
25	25	2%	98%	28%	68%	10%	90%

3.2.3 Analyse des caractéristiques acoustiques dynamiques

Les résultats de mesure et les résultats des tests de perception nous ont montré que :

- dans le contexte VC, la différence principale entre les voyelles longues et les voyelles brèves en langue vietnamienne ne repose finalement que sur la durée ; et les vietnamiens peuvent justement distinguer les voyelles longues et les voyelles brèves par leur durée ;
- dans le contexte des syllabes VS, deux paramètres (durée de la voyelle V et aussi celle de la semi-voyelle finale S) permettent de distinguer voyelles longues et brèves ; au niveau perceptif, ces deux paramètres jouent en même temps un rôle important dans la distinction des voyelles longues et brèves.

Cependant cette simple caractéristique acoustique statique (la durée de voyelle dans le contexte VC, et la durée de voyelle et de semi-voyelle dans le contexte VS) ne nous satisfait pas encore parce que cela n'explique pas comment les voyelles brèves vietnamiennes existent dans une syllabe en s'articulant avec le son final. Le fait d'avoir toujours besoin d'un son final dans l'articulation des voyelles brèves nous conduit à penser que le son final joue un rôle important qui permet également de caractériser les différences entre les voyelles longues et les voyelles brèves.

Une hypothèse possible est que la durée des voyelles brèves vietnamiennes est probablement trop courte ce qui ne permet pas de représenter toutes leurs caractéristiques acoustiques. Pour que toutes ces caractéristiques soient présentes, les voyelles brèves ont besoin d'être suivies par une partie supplémentaire (un son final). En fait, en étudiant la semi-voyelle finale S en contexte (C1)VS, les résultats de mesure et des tests de perception ont montré entre autres que la durée de la semi-voyelle finale S varie en fonction de la durée de la voyelle V. En d'autres termes, la semi-voyelle finale S semble « développer » une information initiée par la voyelle précédente. Il est très possible que dans ce contexte, les informations relatives aux voyelles brèves soient véhiculées non seulement par la partie de son final S mais encore par la transition VS.

Par ailleurs, dans le cas des syllabes (C1)VC2, le son final C2 (l'une des trois consonnes finales /p, t, k/) se termine par un silence sans relâchement, le lieu et le mode d'articulation de chaque consonne finale /p/ ou /t/ ou /k/ restant stables et ne changeant pas en fonction de la voyelle précédente (cf. l'analyse détaillée plus loin chapitre 4, paragraphe 4.2.4). De la même façon, on peut penser que la transition VC2 fournit une information à propos de la voyelle précédente.

Nous rappelons que dans la transition VS ou VC2, les premiers paramètres étudiés sont les valeurs au début de la transition formantique (F1début, F2début, F3début). La valeur au début de la transition formantique est mesurée au premier point d'instabilité qui commence la transition entre la voyelle V et le son final (soit la semi-voyelle finale S, soit la consonne finale C2).

La figure 3-20 représente pour les trois premiers formants un exemple des valeurs moyennes au début de la transition VC. Ces valeurs moyennes sont calculées pour toutes les productions VC des quatre locuteurs (V est l'une des huit voyelles /a, ă, ɔ, ɔ̌, ɤ, ɤ̌, u, i/, C est l'une des trois consonnes finales /p, t, k/).

Nous pouvons constater que dans un même contexte vocalique (précédent), les valeurs au début de la transition formantique VC pour F1, F2, F3 sont plus ou moins proches. Ceci peut s'expliquer par le fait que les premiers points au départ de la transition des formants VC et même VS, sont les derniers du son noyau (la voyelle précédente) : dans ces conditions ils présentent encore des caractéristiques acoustiques de la voyelle courante pas encore influencées par le son final (C2 ou S).

Dans les pages précédentes, la comparaison des durées entre les trois séries de voyelles longues et brèves /a, ă/, /ɤ, ɤ̌/ et /ɔ, ɔ̌/ dans un même contexte de son final (soit la consonne finale C2, soit la semi-voyelle finale S) (présentés dans la figure 3-7 et la figure 3-8) nous a montré que la durée de la transition VC2 et VS ne change pas beaucoup.

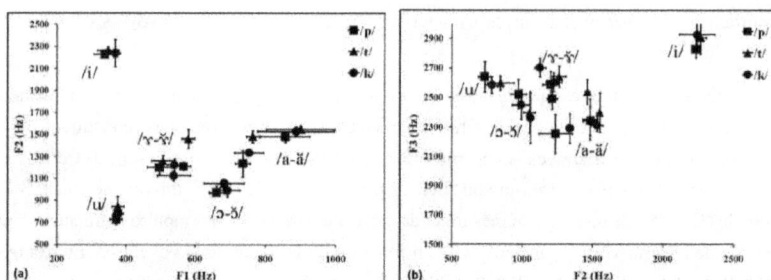

Figure 3-20 : Valeurs au début de la transition formantique des trois consonnes finales /p, t, k/ dans un contexte des voyelles précédentes différentes /a, ă, ɔ, ɔ̌, ɤ, ɤ̌, u, i/ : F1-F2 dans (a), F2-F3 dans (b)

Il est intéressant de rappeler que Gay a établi [Gay, 1978] que la réduction de la durée en parole rapide est reflétée premièrement par la diminution de la durée de la voyelle alors que la durée de transition quel que soit le débit de parole est relativement stable entre des voyelles différentes. Si la durée de transition VC2 / VS est invariante à contexte égal (même contexte de la consonne finale C2 ou de semi-voyelle finale S), la vitesse des formants transitionnels dépend de la voyelle V à produire.

Les résultats de perception obtenus par [Strange et al., 1983] sur les expériences de silence, consistant à remplacer le centre de la voyelle par un silence avec durée équivalente peuvent être expliqués, dans la mesure où cette manipulation conserve la vitesse de transition ainsi que l'organisation temporelle (la vitesse syllabique).

Les expériences de [Divenyi et al., 1995] ont montré de manière extrêmement intéressante que dans les stimuli VS, la deuxième voyelle S est encore perçue même si la voyelle S et la dernière moitié de la transition sont supprimées.

Les premiers résultats de Carré sur la production et perception de V1V2 décrites en fonction de la vitesse de transition formantique [Carré, 2008] ont souligné le rôle de la vitesse de transition dans la perception de V1V2V1.

Dans le cas des voyelles longues et brèves en vietnamien, les premiers travaux de Castelli ont prouvé que les deux voyelles brèves /ă/ et /ɤ̌/ se distinguent des voyelles longues /a/ et /ɤ/ par leur vitesse de transition CV [Castelli and Carré, 2005]. Si la durée de la transition est constante, la seule différence repose donc sur la pente de la transition. En conséquence, nous avons mesuré les pentes des transitions formantiques F1, F2, F3 dans un même contexte du son final (consonne C2, ou semi-voyelle S). Les pentes et écarts-types ont été calculés pour toutes les productions (C1)VC2 et (C1)VS des quatre locuteurs. Le tableau 3-17 et le tableau 3-18 ci-dessous représentent les résultats dans deux contextes : (C1)VC2 et (C1)VS, respectivement. Rappelons que dans le contexte (C1)VC2, la voyelle brève /ɔ̌/ ne se combine jamais avec les deux consonnes finales /p, t/ et de même, dans le contexte (C1)VS, quelques combinaisons n'existent pas, à savoir : /ɤw/, /ɔw/, /ɔ̌w/, /ɔ̌j/.

Tableau 3-17 : Valeurs des pentes des transitions formantiques F1, F2, F3 (Hz/ms) (les valeurs moyennes et écarts-types(e.t.) pour quatre locuteurs) dans les productions (C1)VC2 où C1 est la consonne initiale /b/, V est l'une des six voyelles /a, ă, ɤ, ɤ̆, ɔ, ɔ̆/ et C2 est l'une des trois consonnes finales /p, t, k/

Voyelles	/p/			/t/			/k/		
	F1	F2	F3	F1	F2	F3	F1	F2	F3
/a/	-38	-96	-39.25	-68.75	6.5	38.25	-81.75	-22.75	-14.5
e.t.	24.37	31.11	25.55	31.57	28.08	45.43	50.11	6.53	41.14
/ă/	-48.25	-71.75	-10.25	-47	-3.5	69	-39	-33.5	5.25
e.t.	40.05	16.68	33.77	34.43	26.56	35.64	37.24	28.59	42.72
/ɔ/	-41	-27	-41.5	-33	53.25	-55.25	-52.5	-26.5	-36
e.t.	10.32	11.85	25.62	6.82	34.77	83.97	28.55	26.47	48.56
/ɔ̆/							-21.25	-74.50	-9.25
e.t.							25.66	45.75	33.19
/ɤ/	-29.75	-132.25	-15.75	-17.25	147.75	-7	-30.75	1.25	26.25
e.t.	15.51	21.84	19.27	9.73	15.66	87.39	38.59	23.89	43.34
/ɤ̆/	-46.5	-121.25	11.5	-32.5	52	33	-66.5	-51	46
e.t.	18.85	31.33	12.89	14.86	21.87	53.09	32.9	42.05	15.12

Tableau 3-18 : Valeurs des pentes des transitions formantiques F1, F2, F3 (Hz/ms) (les valeurs moyennes et écarts-types (e.t.) pour quatre locuteurs) dans les productions (C1)VS où C1 est la consonne initiale /b/, V est l'une des six voyelles /a, ă, ɤ, ɤ̆/ et S est l'une des deux semi-voyelles finales /w, j/

Voyelles	/w/			/j/		
	F1	F2	F3	F1	F2	F3
/a/	-102	-43	68	-82	176	-16
e.t.	57	91	100	64	60	133
/ă/	-74	-120	46	-97	229	102
e.t.	41	46	75	50	68	175
/ɤ/				-30	237	-92
e.t.				18	71	77
/ɤ̆/	-51	-84	37	-67	219	-11
e.t.	30	57	89	38	76	148

Nous comparons maintenant dans des pages suivantes les pentes des trois premières transitions formantiques de chaque série de voyelles /a-ă/, /ɤ-ɤ̆/ et /ɔ-ɔ̆/ dans un même contexte d'une consonne finale (soit /p/, soit /t/, soit /k/), ou d'une semi-voyelle finale (soit /w/, soit /j/).

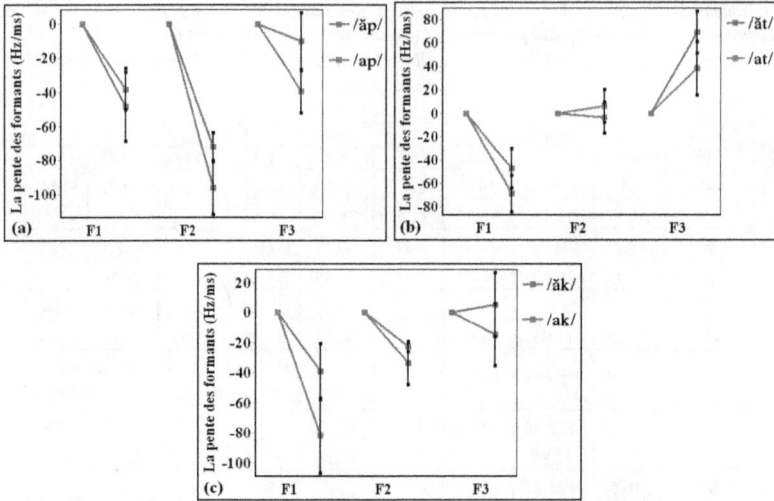

Figure 3-21 : Comparaison des pentes des transitions formantiques F1, F2, F3 de la série de voyelles /a-ă/ dans un même contexte de consonne finale : /p/ dans (a), /t/ dans (b) et /k/ dans (c). Les pentes et écarts-types sont calculées pour toutes les productions (C1)VC2 des quatre locuteurs

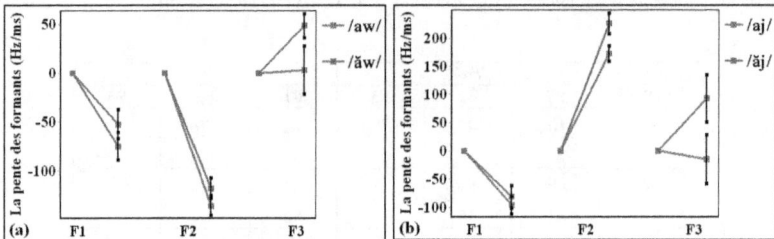

Figure 3-22 : Comparaison des pentes des transitions formantiques F1, F2, F3 de la série de voyelles /a-ă/ dans un même contexte de semi-voyelle finale : /w/ dans (a) et /j/ dans (b). Les pentes sont calculées pour toutes les productions (C1)VS des quatre locuteurs

Les deux figures (figure 3-21 et figure 3-22) illustrent le cas /a-ă/. Il est intéressant de noter que :

- bien que chaque pente de transition formantique varie beaucoup (l'écart-type est grand), la voyelle longue /a/ et la voyelle brève /ă/ présentent des pentes différentes ;

- la voyelle longue /a/ et la voyelle brève /ă/ peuvent être toujours distinguées par au moins une valeur d'inclinaison de pente formantique, F1 et/ou F2 et/ou F3 ; cela dépend du son final ; par exemple, dans le cas de la consonne finale /p/, les pentes du troisième formant (F3) de la voyelle longue /a/ et de la voyelle brève /ă/ sont très différentes, et de même dans le cas de la semi-voyelle finale /j/, les pentes des deux formants (F2 et F3) sont aussi très distinctes.

Néanmoins, afin de vérifier et d'estimer si les pentes des transitions formantiques VC et VS permettent de distinguer les trois séries de voyelles longues et brèves, il est utile de faire des tests statistiques. Le tableau 3-19 et le tableau 3-20 ci-dessous représentent les résultats des tests statistiques ANOVA pour les pentes des transitions formantiques en comparant des séries des voyelles longues et brèves dans un même contexte des consonnes finales /p, t, k/, ou un même contexte des semi-voyelles finales /w, j/, respectivement. Dans chaque test statistique (pour chaque contexte de la consonne finale, ou de la semi-voyelle finale et pour chaque formant F1, F2, F3), on compare la pente des transitions formantiques d'une série voyelle longue - voyelle brève. Les seuils significatifs de 0.05, 0.01, 0.005 et 0.001 sont utilisés pour comparaison avec la valeur du test statistique (p-valeur). Une p-valeur d'un test plus petite que l'un des seuils significatifs confirme une différence entre la voyelle longue et celle brève dans une série.

Les résultats de test ANOVA dans le tableau 3-19 ci-dessous montrent que :

- en fonction de la consonne suivante, les séries des voyelles longues - brèves /ɤ-ɤ̆/ et /ɔ-ɔ̆/ peuvent toujours être différenciées par d'une pente d'une transition formantique F1 et/ou F2 et/ou F3 ;
- dans le même contexte de consonne finale /p, t, k/, la paire de voyelle longue - brève /ɤ-ɤ̆/ est toujours différenciée par la pente de premier formant transitionnel F1 ;
- la paire de voyelle longue - brève /a-ă/ présente des pentes de transition formantique plus ou moins proches dans le contexte des consonnes finales /p, t, k/ ; bien que les voyelles de la paire longue - brève /a-ă/ peuvent être respectivement distinguées par la pente de transition formantique F1 pour /k/ et F3 pour /p/ ; les résultats des tests ANOVA dans les deux cas sont proches (les p-valeurs sont en effet proches du plus grand seuil significatif de 0.05) : [F(1, 78) = 4.23, avec p-valeur = 0.0432] pour le contexte de la consonne finale /p/ et [F(1, 78) = 4.56, avec p-valeur = 0.0358] pour le contexte de la consonne finale /k/.

Mais ces résultats sont ils constants dans le cadre de chaque locuteur ? Pour le vérifier, nous avons pour suivi les tests statistiques (ANOVA) (cf. tableau 3-21 ci-dessous). Il est surprenant de constater finalement qu'aucun résultat n'est significatif, les p-valeurs des tests ANOVA étant toujours plus grands que le seuil de 0.05.

Au contraire, dans les contextes des deux semi-voyelles finales /w, j/, les deux séries des voyelles longues et brèves /a-ă/ et /ɤ-ɤ̆/ peuvent toujours être discriminées par l'une des pentes de transition formantique F1 et/ou F2 et/ou F3 (voir tableau 3-20 ci-dessous). Dans les deux contextes de semi-voyelle finale /w, j/, les pentes de F1 pour /ɤ-ɤ̆/ et F2 pour /a-ă/ jouent un rôle plus important (ses p-valeurs sont plus significatives) que celle de F3 (même dans le cas de la paire de voyelles /a-ă/ avec la semi-voyelle finale /w/, le p-valeur de F1 et de

F3 respectivement est 0.0193 et 0.0439).

Tableau 3-19 : Tests ANOVA (p-valeur et F-statistique) des pentes de transition formantique en comparant les séries des voyelles longues et brèves dans un même contexte de consonne finale. * = p-valeur < 0.05, ** = p-valeur < 0.01, *** = p-valeur < 0.005, **** = p-valeur < 0.001 et ns = non significatif

Voyelle	Formants	/p/		/t/		/k/	
		F-stat	p-valeur	F-stat	p-valeur	F-stat	p-valeur
/a/ - /ă/	F1	0.3	ns	2.05	ns	4.56	*
	F2	2.11	ns	0.41	ns	0.61	ns
	F3	4.23	*	1.72	ns	1.19	ns
/ɤ/ - /ɤ̆/	F1	6.54	*	8.68	***	9.72	**
	F2	0.41	ns	35.73	****	7.64	**
	F3	6.36	*	1.39	ns	1.2	ns
/ɔ/ - /ɔ̆/	F1					3.94	ns
	F2					7.53	**
	F3					1.7	ns

Tableau 3-20 : Tests ANOVA (p-valeur et F-statistique) des pentes de transition formantique en comparant les séries des voyelles longues et brèves dans un même contexte de semi-voyelle finale. * = p-valeur < 0.05, ** = p-valeur < 0.01, *** = p-valeur < 0.005, **** = p-valeur < 0.001 et ns = non significatif

Voyelle	Formants	/w/		/j/	
		F-stat	p-valeur	F-stat	p-valeur
/a/ - /ă/	F1	5.71	*	1.26	ns
	F2	3.11	ns	14.22	****
	F3	4.2	*	9.07	***
/ɤ/ - /ɤ̆/	F1			32.17	****
	F2			0.64	ns
	F3			7.83	**

Tableau 3-21 : Tests ANOVA (p-valeur et F-statistique) des pentes de transition formantique en comparant la paire de voyelle longue - brève /a-ă/ dans un même contexte des consonnes finales /p, t, k/ pour chaque locuteur. * = p-valeur < 0.05, ** = p-valeur < 0.01, *** = p-valeur < 0.005, **** = p-valeur < 0.001 et ns = non significatif

Locuteur	Formants	/p/		/t/		/k/	
		F-stat	p-valeur	F-stat	p-valeur	F-stat	p-valeur
M1	F1	0.05	ns	0.27	ns	1.8	ns
	F2	3.57	ns	0.15	ns	0.96	ns
	F3	1.66	ns	2.83	ns	1.42	ns
M2	F1	1.9	ns	0.46	ns	0.18	ns
	F2	1	ns	3.31	ns	2.86	ns
	F3	1.01	ns	1.59	ns	4.34	ns
M3	F1	0.16	ns	1.72	ns	4.38	ns
	F2	0.24	ns	0.18	ns	1.05	ns
	F3	3.36	ns	0.15	ns	1.33	ns
M4	F1	0.43	ns	0.21	ns	0.95	ns
	F2	4.11	ns	0.07	ns	0.01	ns
	F3	3.94	ns	0.03	ns	0	ns

En nous fondant sur les résultats et les tests statistiques, nous pouvons conclure que les caractéristiques acoustiques dynamiques des voyelles brèves sont importantes. Dans les deux contextes des syllabes (C1)VC2 et (C1)VS, les caractéristiques acoustiques dynamiques (les pentes) peuvent être considérés comme un bon paramètre pour différencier voyelles longues et brèves en vietnamien. De plus, les voyelles brèves ne peuvent pas être qualitativement produites sans inclure une partie de la transition formantique vers un son final (soit une consonne finale, soit une semi-voyelle finale). Cela explique comment les voyelles brèves vietnamiennes existent dans une syllabe en articulant avec le son final.

3.3 Conclusion du chapitre

Ce chapitre a été consacré à la présentation des études des caractéristiques des oppositions voyelles longues et voyelles brèves du vietnamien. Chaque approche (statique et dynamique) s'est révélée utile pour mettre en lumière certaines caractéristiques.

Nous avons tout d'abord fait un corpus des dix voyelles vietnamiennes avec quatre locuteurs vietnamiens parlant la langue standard du Vietnam. Afin d'étudier les caractéristiques acoustiques statiques et dynamiques des voyelles longues et brèves, nous avons défini les procédés de mesure des trois premiers formants des voyelles, de la durée de la voyelle, de la durée de la transition formantique, des valeurs au début de la transition formantique et de la pente de transition formantique. Les mesures ont été effectuées sur toutes les combinaisons possibles entre les dix voyelles et l'une des trois consonnes finales /p, t, k/ ou avec l'une des deux semi-voyelles finales /w, j/.

Dans la première partie d'analyse (l'analyse des caractéristiques acoustiques statiques), les résultats de mesure des trois premiers formants (F1, F2, F3) des voyelles ont montré qu'il n'y a que trois séries de voyelles qui s'opposent par le trait long - court : /a, ă/, /ɤ, ɤ̆/, /ɔ, ɔ̆/ chaque couple étant plus ou moins acoustiquement proche dans le plan F1-F2. Quant à la voyelle brève /ɛ̆/, elle se comporte plutôt comme une diphtongue.

En outre, en analysant la durée d'une voyelle dans le contexte des syllabes (C1)VC2 et (C1)VS, nous avons constaté que la durée des voyelles vietnamiennes est un paramètre stable, elle ne change pas beaucoup en fonction du son final (consonnes finales /p, t, k/, ou semi-voyelles finales /w, j/). Les trois séries des voyelles longues et brèves /a, ă/, /ɤ, ɤ̆/, /ɔ, ɔ̆/ sont donc distinguées par leurs durées, celle des voyelles /a, ɤ, ɔ/ étant toujours plus longue que celle des voyelles /ă, ɤ̆, ɔ̆/. Pour la partie de la transition VC2 et VS, les résultats de mesure ont montré que dans un même contexte d'une voyelle V, la durée de la transition VC2 et VS ne varie pas beaucoup que les voyelles soient longues ou brèves.

En particulier pour les syllabes (C1)VS, nous avons aussi mesuré la durée de la partie finale VS (incluant la durée de la voyelle V, la durée de la transition VS et la durée de la semi-voyelle finale S). Les résultats ont montré que la durée de la partie finale VS (calculée pour toutes les combinaisons de V et S sans différenciation des voyelles longues et des voyelles brèves) ne change pas beaucoup. Ceci nous a conduits à analyser de plus près la durée des semi-voyelles finales. Les résultats on montré qu'il existe une relation entre la durée de la voyelle V et la durée de la semi-voyelle finale S.

Afin de vérifier les hypothèses données par les mesures, nous avons réalisé les tests de perception dans deux contextes : les syllabes VC2 et les syllabes VS. Dans le contexte des syllabes VC2, les résultats des tests de perception ont confirmé que les vietnamiens peuvent distinguer les voyelles longues et les voyelles brèves en se basant seulement sur leur durée relative. Dans le contexte des syllabes VS, les résultats des tests de perception ont également confirmé que :

- la durée de la transition VS ne joue aucun rôle dans la distinction voyelles longues et brèves ;
- en particulier, dans le cas de la syllabe /a-i/, si la durée de transition est longue, les vietnamiens peuvent entendre deux voyelles /ɛ/ et /e/ en chevauchement ;
- les rapports de durée entre voyelle V et semi-voyelle S jouent un rôle important pour distinguer les voyelles longues et brèves dans la langue vietnamienne ;
- il n'y a pas d'effet appréciable de la part du contexte de la semi-voyelle sur le taux de reconnaissance correcte d'une voyelle longue et brève.

Les tests de perception dans les deux contextes des syllabes VC2 et VS ont aussi indiqué qu'en général, au niveau de la perception, il n'y a pas de différence appréciable entre les auditeurs et les auditrices sur le taux de reconnaissance correcte d'une voyelle longue et brève.

Afin d'expliquer comment les voyelles brèves vietnamiennes existent dans une syllabe en articulant avec le son final, nous avons analysé et fait des tests statistiques sur les caractéristiques acoustiques dynamiques (variations des pentes des trois premiers formants) des trois séries des voyelles longues et brèves dans deux contextes des syllabes (C1)VC2 et (C1)VS. Les résultats ont montré que les pentes des transitions formantiques constituent aussi un bon paramètre pour différencier les voyelles longues et brèves en vietnamien. Ces résultats nous permettent de mettre en lumière le rôle du son final (l'une des trois consonnes finales /p, t, k/ ou l'une des deux semi-voyelles finales /w, j/) dans le processus de production et de perception des voyelles brèves en vietnamien.

4 LES TROIS CONSONNES FINALES /P, T, K/

4.1 Introduction

Le chapitre 2 a résumé les caractéristiques principales de la phonologie et de la phonétique de la langue vietnamienne. En particulier, nous avons présenté les caractéristiques des trois consonnes finales /p, t, k/ : contrairement aux consonnes en position initiale, en finale /p, t, k/ sont des occlusives réalisées sans bruit : elles se terminent, en effet par un silence sans relâchement.

Pour ces consonnes finales, les linguistes vietnamiens [Doan, 1999 ; Nguyen, 2007] ont confirmé qu'en jouant le rôle d'un son final dans les syllabes fermées, elles sont reconnues parce qu'elles modifient la fin du son noyau (la voyelle principale dans une syllabe). Ainsi les modifications d'orientation des formants du son noyau constituent la seule indication pour les reconnaître [Doan, 1999]. Les caractéristiques acoustiques dynamiques (les trois premières transitions formantiques) doivent donc jouer un rôle très important.

Inversement et contrairement à [Cooper et al., 1952], Dorman a montré qu'en dehors du vietnamien, le poids perceptif du relâchement est important, alors que celui de la transition est faible [Dorman et al., 1977].

Le débat autour des consonnes finales vietnamiennes /p, t, k/ qui se terminent par un silence sans relâchement est dans ce contexte intéressant. Si la transition des formants est un bon paramètre, l'approche dynamique (avec spécifications dynamiques des transitions) sera donc considérée comme une bonne méthode pour étudier les trois consonnes finales /p, t, k/ vietnamiennes. De toutes façons, les caractéristiques acoustiques statiques et dynamiques des trois consonnes finales /p, t, k/ du vietnamien n'ont pas encore fait l'objet d'un travail approfondi. Leur étude nous aidera à mieux comprendre le rôle respectif des aspects statiques (comme les valeurs d'offsets) et dynamiques (comme les pentes des transitions).

D'autre part, en étudiant la coarticulation d'une consonne avec les voyelles suivantes dans les productions CV, ou CVC, ou VCV, beaucoup d'auteurs comme Lindblom [1963a], Klatt [1979, 1987], Nearey [1987], Krull [1988, 1989], Sussman [1989 ; 1991 ; 1992 ; 1993 ; 1994 ; 1996], Celdran [1995], Yeou [1997], Castelli [2006] etc. ont utilisé le concept d'équation du locus qui avait été introduit en 1963 par Linblom [1963a] pour classifier et représenter les consonnes initiales. Ils ont réussi à obtenir les équations du locus des consonnes initiales dans plusieurs des langues du monde. La fonction linéaire concernant deux paramètres, la pente et l'ordonnée à l'origine, est elle-même fonction du lieu d'articulation des consonnes.

Jusqu'à maintenant, à notre connaissance, il n'y a pas eu de travaux sur l'équation du locus pour les consonnes finales (c'est-à-dire la transition VC). En langue vietnamienne, les trois consonnes finales /p/, /t/, /k/ présentent les mêmes lieux d'articulation que les consonnes initiales [Doan, 1999 ; Nguyen, 2007] : labiale /b/, dentale /d/ et vélaire /g/. On admet généralement que les productions CV sont symétriques des productions VC [Tabain et al., 2003]. Pour vérifier cette affirmation dans la langue vietnamienne, nous allons explorer trois questions principales :

- est-ce que l'équation du locus existe pour les consonnes finales (la transition VC) ?
- si cette équation du locus existe (fonction de régression avec ses deux variables, la pente et l'ordonnée à l'origine) a-t-elle la même la capacité de classification que pours les CV, permettant une interprétation de l'équation du locus comme index phonétique pour classifier et représenter les consonnes finales ?
- est-ce que les caractéristiques des équations du locus sont les mêmes (ou très proches) pour CV et VC ?

Une réponse positive à ces question permettra de confirmer la symétrie des productions CV et VC.

Le vietnamien dispose de neuf voyelles postérieures /a, ɤ, ɔ, u, o, ɯ, ă, ɤ̆, ɔ̆/ et de trois voyelles antérieures /i, e, ɛ/ [Doan, 1999 ; Nguyen, 2007]. En fonction de la durée de voyelle, les linguistes vietnamiens [Hoang and Hoang, 1975 ; Doan, 1999 ; Nguyen, 2007] et nous-mêmes (cf. chapitre 3) ont classifié les douze voyelles en deux groupes : neuf voyelles longues /ɑ, ɤ, ɔ, ɛ, u, i, e, o, ɯ/ et trois voyelles brèves /ă, ɤ̆, ɔ̆/. Les trois voyelles brèves /ă/, /ɤ̆/ et /ɔ̆/ présentent les mêmes caractéristiques spectrales (trois premiers formants F1, F2 et F3) que les trois voyelles longues correspondantes /ɑ/, /ɤ/ et /ɔ/, respectivement [Castelli and Carré, 2005 ; Nguyen et al., 2008], mais elles présentent des caractéristiques acoustiques statiques et dynamiques différentes : prononciation en mode isolé difficile et non monotone, vitesse de transition CV plus rapide [Castelli and Carré, 2005], durée de voyelle plus courte et pentes de transitions formantiques différentes par rapport celles des voyelles longues. Ces différences nous suggèrent la possibilité que les voyelles longues réalisent une coarticulation consonantique différente des celles des voyelles brèves. Donc, parallèlement à l'étude de l'équation du locus des consonnes finales en fonction des voyelles postérieures et antérieures, nous analyserons également l'équation du locus en fonction des voyelles longues et brèves précédant la consonne.

En outre, bien que les propriétés des équations du locus aient été étudiées depuis longtemps et étendues à de nombreuses catégories de consonnes initiales dans plusieurs des langues du monde, il n'y a pas eu beaucoup de recherches sur les propriétés des équations du locus en langues tonales, comme le Mandarin, le Thaï, le Vietnamien etc. De plus, à notre connaissance, il n'y a eu aucune étude qui examine les influences des tons sur la propriété d'équation du locus dans les langues tonales. En étendant la métrique de l'équation du locus au Thaï, Sussman n'a regardé que les réalisations avec le ton moyen [Sussman et al., 1993]. [Castelli and Hierholtz, 2006] pour sa part a aussi choisi uniquement le ton montant pour son corpus en étudiant l'équation du locus des consonnes initiales vietnamiennes /b, d, ɣ/.

En effet, les linguistes ont confirmé qu'il existe le phénomène de pharyngalisation pour le ton brisé et le ton grave dans la langue vietnamienne [Han and Kim, 1974 ; Doan, 1999] :

- le deuxième tiers du contour du ton brisé présente une rupture, une explication de ce phénomène est qu'il existe un mouvement de constriction glottale ; une voix « creaky »[3] de la laryngealisation peut être entendue pendant cette rupture [Han and Kim, 1974 ; Doan, 1999] ;
- le ton grave est caractérisé par une « laryngalization » lourde.

Donc, nous nous intéressons également à étendre l'étude d'équation du locus au contexte des tons.

4.2 Etudes des caractéristiques des consonnes finales /p, t, k/

4.2.1 Corpus vietnamien

Afin d'étudier les caractéristiques des trois consonnes finales /p, t, k/, nous avons besoin de construire un corpus de ces consonnes. Rappelons qu'en étudiant les trois séries de voyelles longues et brèves vietnamiennes, on a construit un corpus des trois consonnes finales /p, t, k/ avec les neuf voyelles vietnamiennes /a, ă, ɤ, ɤ̆, ɔ, ɔ̆, ɛ, i, u/. Mais, les linguistes vietnamiens [Hoang and Hoang, 1975 ; Doan, 1999 ; Nguyen, 2007] comme nos résultats dans le chapitre 3 (conduisant à considérer que la voyelle brève /ɛ̆/ est similaire à une diphtongue) ont

---

[3] La voix « creaky » (appelé aussi la laryngealization) est un type spécial de la phonation dans laquelle les cartilages aryténoïdes dans le larynx sont tirés, en conséquence, les cordes vocales sont compressées légèrement plutôt étroitement. Elles deviennent lâches et compactes, et vibrent irrégulièrement. Leur fréquence de vibration est très basse (20 - 50 impulsions par seconde) et le flux d'air à travers la glotte est très lent.

confirmé que la langue vietnamienne présente au total douze voyelles : /a, ă, ɤ, ɤ̆, ɔ, ɔ̆, ɛ, i, u, e, ɯ, o/. Afin de construire un corpus pour étudier les trois consonnes finales /p, t, k/, au corpus déjà réalisé avec les neuf voyelles nous ajoutons un autre corpus avec les trois voyelles restantes : /o/, /e/, /ɯ/. Ce corpus est réalisé également selon la même méthode, à savoir :

- avec les mêmes quatre locuteurs M1, M2, M3, M4 (nés et habitant au nord, parlant la langue standard du Vietnam) ;
- avec les syllabes (C1)VC2 prononcées avec le ton montant ; elles sont placées dans une phrase porteuse « dire VC2 lentement » ou « dire C1VC2 lentement » (« nói (C1)VC2 êm ru » /nɔj-5 (C1)VC2 em ru/) ; elles sont prononcées cinq fois par chaque locuteur ;
- des mêmes conditions d'enregistrement : en studio calme, fréquence d'échantillonnage de 11025Hz, codé sur 16 bits, microphone-casque de marque SENNHEISER HMD 410-6 et un préamplificateur Soundcraft Spirit Folio FX8.

Les combinaisons possibles entre les neuf voyelles /a, ă, ɤ, ɤ̆, ɔ, ɔ̆, ɛ, i, u/ avec les trois consonnes finales /p, t, k/ sont présentées ci-dessus (cf. tableau 3-1). Dans le tableau 4-1 ci-dessous, nous présentons la distribution des combinaisons possibles entre les trois voyelles restantes /o, e, ɯ/ et les consonnes finales /p, t, k/. On peut remarquer que toutes les combinaisons des trois voyelles /o, e, ɯ/ avec les consonnes finales /p, t, k/ sont possibles.

Tableau 4-1 : Ensemble des combinaisons possibles entre les trois voyelles /o, e, ɯ/ et les trois consonnes finales /p, t, k/. Le signe « + » signifie que la combinaison est possible, le signe « - » signifie qu'elle n'existe pas

	/o/	/e/	/ɯ/
/p/	+	+	+
/t/	+	+	+
/k/	+	+	+

Donc, dans le corpus des consonnes finales (C1)VC2, les trois consonnes /p, t, k/ se combinent avec les douze voyelles pour former 1360 combinaisons (1 consonne finale /k/ x 12 voyelles x 2 contextes VC2 / C1VC2 x 5 répétitions x 4 locuteurs et 2 consonnes finales /p, t/ x 11 voyelles x 2 contextes VC2 / C1VC2 x 5 répétitions x 4 locuteurs), et cela seulement dans 860 items lexicaux.

4.2.2 Analyse des caractéristiques acoustiques statiques

Nous commençons nos recherches sur les trois consonnes finales vietnamiennes /p, t, k/ par l'analyse des caractéristiques acoustiques statiques. Nous rappelons que dans la langue vietnamienne le son noyau (voyelle ou diphtongue), étant le son principal, est toujours présent dans une syllabe. Afin de réaliser une étude profonde et systématique des caractéristiques acoustiques statiques des trois consonnes finales /p, t, k/, il faut aussi examiner leurs effets sur les caractéristiques acoustiques statiques de l'environnement voisin, par exemple, sur la durée de la voyelle précédente et celle de la durée de la transition VC.

Comme dans le chapitre précédent, à propos des voyelles longues et des voyelles brèves, où nous avons mesuré la durée des neuf voyelles dans les syllabes (C1)VC2, nous effectuons des mesures sur la durée des trois voyelles /o, e, ɯ/. La figure 4-1 ci-dessous représente les durées moyennes et les écarts-types des douze voyelles calculées dans le contexte des syllabes (C1)VC2. Il apparaît ainsi que :

- généralement, dans les deux contextes (VC2 et C1VC2), la durée de la voyelle précédente ne se modifie guère en fonction des consonnes finales /p, t, k/ ;
- avec les voyelles /i, u, e, o/, même si la durée de ces voyelles diminue fortement en se combinant avec la consonne finale /k/, on ne voit cependant pas de grand changement si elles se combinent avec les deux autres consonnes finales /p/ et /t/.

En d'autres mots, on peut conclure que :

- dans un même contexte vocalique, l'effet des consonnes finales /p, t, k/ sur la durée d'une voyelle précédente n'est pas manifeste ;
- que la durée de la voyelle précédente ne permet pas d'opposer ces trois consonnes finales.

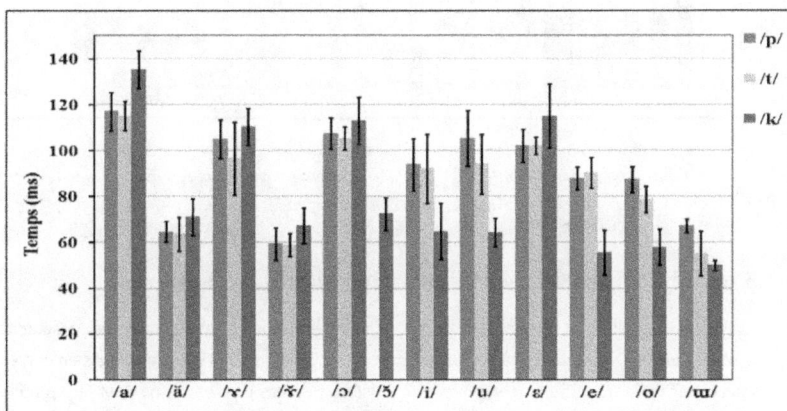

Figure 4-1 : Durées moyennes et écarts-types des voyelles dans les syllabes (C1)VC2 où C1 est la consonne initiale /b/, V est l'une des douze voyelles /a, ă, ɤ, ɤ̆, ɔ, ɔ̆, i, u, e, ɛ, o, ɯ/, C2 est l'une des trois consonnes finales /p, t, k/

En ce qui concerne la durée de la transition, rappelons que les résultats des mesures pour toutes les combinaisons possibles des neuf voyelles vietnamiennes du chapitre 3 avec les consonnes finales ont montré que dans un même contexte d'une voyelle V, la durée de la transition VC2 ne change pas beaucoup. Nous étendons maintenant cette étude pour les trois voyelles /o, e, ɯ/. La figure 4-2 ci-dessous représente les résultats moyens et les écarts-types de la durée de la transition VC pour ces contextes. On peut alors constater que dans un même contexte vocalique (voyelle précédente) :

- la durée de la transition formantique VC ne varie pas beaucoup ;
- elle ne fournit pas d'indices permettant de distinguer consonnes finales /p, t, k/.

En première conclusion, les analyses des caractéristiques acoustiques statiques (durée de la voyelle V, de la transition VC) ne nous donnent aucune information susceptible de nous permettre de différencier les trois consonnes finales occlusives /p, t, k/, d'une manière fiable. Nous proposons alors, pour la suite, de nous intéresser à l'approche dynamique (avec spécifications dynamiques des transitions).

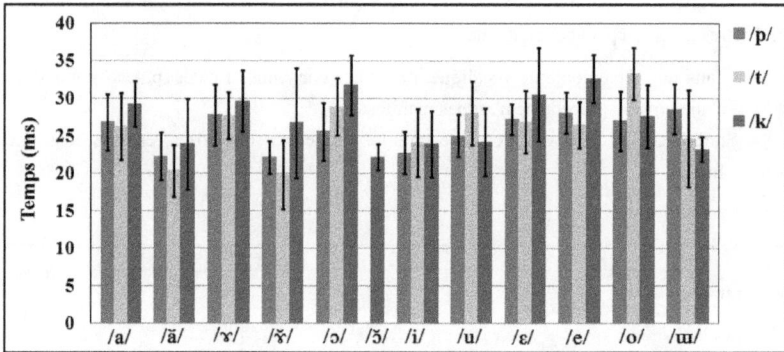

Figure 4-2 : Durées moyennes et écarts-types de la transition formantique VC2 dans les syllabes (C1)VC2 où C1 est la consonne initiale /b/, V est l'une des douze voyelles /a, ă, ɤ, ɤ̆, ɔ, ɔ̆, i, u, e, o, ε, ɯ/, C2 est l'une des trois consonnes finales /p, t, k/

4.2.3 Analyse des caractéristiques acoustiques dynamiques

Nous avons vu au début de ce chapitre que les occlusives finales en vietnamien ne présentent pas de relâchement. Nous pouvons penser, en accord avec Dorman [1977], que dans ce cas, le poids perceptif de la transition est important. L'existence de ces consonnes ne peut être remise en cause car elles ont un effet sur la direction des formants de la partie finale du noyau vocalique [Doan, 1999 ; Nguyen, 2007]. Dans ces conditions, on peut penser que la vitesse ou la pente des transitions formantiques pourraient jouer un rôle important.

Nous avons vu (cf. paragraphe 3.2.2.3 et paragraphe 3.2.3 du chapitre 3) d'une part que les valeurs au début de la transition VC pour F1, F2, F3 étaient plus ou moins proches, et d'autre part que la durée de la transition VC était stable, quelle que soit la consonne finale /p, t, k/.

Tableau 4-2 : Valeurs des pentes des transitions formantiques F1, F2, F3 (Hz/ms) (valeur moyenne et écart-type (e.t.) pour quatre locuteurs) de toutes les productions possibles (C1)VC2 où C1 est la consonne initiale /b/, V est l'une des douze voyelles /a, ă, ɤ, ˀɤ, ɔ, ˀɔ, i, u, o, e, ɯ, ɛ/ et C2 est l'une des trois consonnes finales /p, t, k/

Voyelles	/p/			/t/			/k/		
	F1	F2	F3	F1	F2	F3	F1	F2	F3
/a/	-38	-96	-39.25	-68.75	6.5	38.25	-81.75	-22.75	-14.5
e.t.	24.37	31.11	25.55	31.57	28.08	45.43	50.11	6.53	41.14
/ă/	-48.25	-71.75	-10.25	-47	-3.5	69	-39	-33.5	5.25
e.t.	40.05	16.68	33.77	34.43	26.56	35.64	37.24	28.59	42.72
/ɤ/	-29.75	-132.25	-15.75	-17.25	147.75	-7	-30.75	1.25	26.25
e.t.	15.51	21.84	19.27	9.73	15.66	87.39	38.59	23.89	43.34
/ˀɤ/	-46.5	-121.25	11.5	-32.5	52	33	-66.5	-51	46
e.t.	18.85	31.33	12.89	14.86	21.87	53.09	32.9	42.05	15.12
/ɔ/	-41	-27	-41.5	-33	53.25	-55.25	-52.5	-26.5	-36
e.t.	10.32	11.85	25.62	6.82	34.77	83.97	28.55	26.47	48.56
/ˀɔ/							-21.25	-74.50	-9.25
e.t.							25.66	45.75	33.19
/i/	-4.75	-123.5	-223.25	-5.75	-80.5	-37.75	-48	79.25	40.75
e.t.	6.76	19.46	74.08	6.94	25.85	62.43	16.96	30.77	41.18
/u/	-11.25	-4.25	-20	-7.25	133.5	-43.75	-30.75	-65.25	34.25
e.t.	13.27	39.69	43.18	22.4	43.93	35.17	7.79	5.26	36.39
/o/	-29.5	-6	14.25	-0.75	142	-109	-75.75	-102.25	27.25
e.t.	20.25	18	29.35	6.57	6.12	79.74	7.46	23.75	8.87
/e/	-25.75	-200.75	-43.25	-21.75	-45.5	18.5	-83.5	217.25	11
e.t.	13.9	39.63	37.83	3.34	14.22	26.42	7.53	82.59	28.38
/ɯ/	-14	-69.5	-21	-16.5	97.75	36.25	-27.5	-5.25	13.25
e.t.	10.46	41.79	46.74	15.44	54.18	57.98	11.43	4.92	3.7
/ɛ/	-24	-174.5	-87.5	-24	-50.75	-25.5	-32.5	-126	-62
e.t.	6	30.54	45.55	18.59	6.38	33.87	46.34	67.94	116.42

En fait, les lieux d'articulation de ces consonnes étant par nature différents et les débuts des transitions des formants F1, F2, F3 étant identiques a leur début, il est donc nécessaire que les pentes soient différentes. Afin de vérifier cette hypothèse, nous calculons les pentes des transitions formantiques VC2 dans le même contexte de la voyelle précédente V. Au chapitre 3 (cf. paragraphe 3.2.3), nous avons déjà calculé les valeurs de pente des transitions formantiques des voyelles /a, ă, ɤ, ˀɤ, ɔ, ˀɔ/ avec les trois consonnes finales /p, t, k/ (cf. tableau 3-17). Nous étendons maintenant cette étude aux voyelles /i, u, o, e, ɯ, ɛ/ et le tableau 4-2 ci-dessous récapitule l'ensemble des résultats pour les quatre locuteurs. Notons que la voyelle /ˀɔ/

ne se combine jamais avec les deux consonnes finales /p, t/ (ces combinaisons n'existent jamais en vietnamien).

La figure 4-3 illustre la comparaison des trois consonnes finales /p, t, k/ dans un même contexte des trois voyelles précédentes /a, i, u/. Il est intéressant de noter que :

- en fonction du contexte vocalique (/a/, /i/ et /u/), les trois consonnes finales /p, t, k/ peuvent être distinguées par au moins une pente de transition de formant, F1 et/ou F2 et/ou F3 ;
- dans les trois de contexte des voyelles précédentes /a/, /i/ et /u/, la pente du deuxième formant F2 est toujours un bon paramètre pour différencier les trois consonnes finales /p, t, k/.

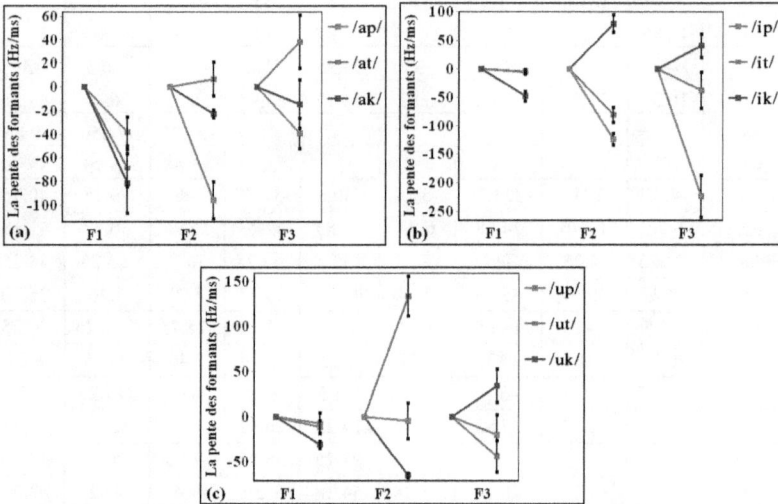

Figure 4-3 : Comparaison des pentes des transitions formantiques F1, F2, F3 des trois consonnes finales /p, t, k/ dans un même contexte d'une voyelle précédente : /a/ dans (a), /i/ dans (b) et /u/ dans (c). Les pentes et les écarts-types sont calculés pour toutes les productions (C1)VC2 des quatre locuteurs

Néanmoins, afin de vérifier et d'estimer si les pentes des formants transitionnels VC permettent de distinguer les trois consonnes finales /p, t, k/, on a besoin de réaliser des tests statistiques.

Le tableau 4-3 ci-dessous représente les résultats des tests statistiques ANOVA pour les pentes des transitions formantiques en comparant les trois consonnes finales /p, t, k/ dans un même contexte vocalique. Dans chaque test statistique (pour chaque contexte vocalique et pour chaque formant F1, F2, F3), les pentes de transitions formantiques VC des consonnes finales /p, t, k/ ont été comparées. Les seuils significatifs de 0.05, 0.01, 0.005 et 0.001 sont utilisés pour comparaison avec la valeur du test statistique (p-valeur). Si la p-valeur d'un test est plus petite que l'un des seuils significatifs, l'hypothèse de la différenciation des consonnes /p, t, k/ est vérifiée.

Les résultats des tests ANOVA dans le tableau 4-3 ci-dessous montrent que :

- dans le contexte des douze voyelles précédentes, les trois consonnes finales occlusives /p, t, k/ sont toujours distinguées par au moins l'une des trois pentes de F1, F2, F3 ; leurs p-valeurs sont toujours plus petites que l'un des seuils significatifs de 0.05, ou 0.01, ou 0.005, ou 0.001 ;
- la pente de deuxième formant F2 est un paramètre significatif qui permet toujours la discrimination de ces trois consonnes finales ; sa p-valeur est toujours très significative, plus petite que le seuil de 0.001.

*Tableau 4-3 : Tests ANOVA (p-valeur et F-statistique) de la pente des transitions formantiques en comparant les trois consonnes finales vietnamiennes /p, t, k/ dans un même contexte d'une voyelle précédente. * = le test est significatif au seuil de 0.05, ** = le test est significatif au seuil de 0.01, *** = le test est significatif au seuil de 0.005, **** = le test est significatif au seuil de 0.001 et ns = non significatif*

Formants		Contexte de voyelle précédente										
		/a/	/ɤ/	/ɔ/	/ǎ/	/ɤ̆/	/i/	/u/	/o/	/e/	/ɯ/	/ɛ/
F1	F-stat	1.4	1.8	1.13	0.55	13.63	51.67	7.18	37.2	43.37	2.22	2.49
	p-valeur	ns	ns	ns	ns	****	****	***	****	****	ns	ns
F2	F-stat	21.49	156.8	29.99	16.92	47.35	78.07	84	313.82	89.14	57.22	20.62
	p-valeur	****	****	****	****	****	****	****	****	****	****	****
F3	F-stat	6.75	1.73	0.25	5.94	4.16	45.04	8.49	18.53	5.18	2.68	6.17
	p-valeur	***	ns	ns	***	*	****	****	****	***	ns	***

Il semble donc, qu'au niveau statistique, nous pouvons conclure que les caractéristiques acoustiques dynamiques (les pentes des transitions formantiques) jouent un rôle important pour distinguer les trois consonnes finales occlusive /p, t, k/. En d'autres mots, les trois consonnes finales sans relâchement /p, t, k/ en s'articulant avec la voyelle précédente, modifient la fin de cette voyelle. Les pentes des transitions formantiques VC (F1, F3 et spécialement de F2) constituent des traits caractéristiques qui pourraient permettre aux vietnamiens de reconnaître ces consonnes. Bien qu'il y ait trois cas (contexte des voyelles /ɤ, ɔ, ɯ/) où la transition formantique de F3 ne joue pas un rôle significatif, en général, la plupart de nos résultats s'accordent avec les résultats obtenus dans les études sur la transition formantique de F2 [Liberman et al., 1954] et sur la transition formantique de F3 [Lisker, 1957 ; Harris et al., 1958].

Cependant, pour confirmer cette suggestion au niveau de la perception, nous avons besoin de réaliser des tests perceptifs pour estimer le rôle de la pente des transitions formantiques sur la discrimination des consonnes finales /p, t, k/.

Tests de perception :

Pour les tests de perception, une syllabe VC est synthétisée, dans laquelle V est la voyelle /a/ longue (avec une durée de 120 ms). La durée de transition VC est fixée à 20 ms (cf. figure 4-4). La consonne finale C est synthétisée sans relâchement à la fin et avec un changement de pente des transitions formantiques comme indiqué ci-dessous :

- la valeur à la fin du formant F1 (F1fin) est constante (250 Hz) ;
- les valeurs à la fin de l'évolution des deux formants F2, F3 (F2fin, F3fin) varient comme indiqué sur le plan des formants F2 / F3 (cf. les points jaunes dans la figure 4-5) et donc leurs pentes aussi chacune en sept étapes :
  o la valeur de F2fin varie de 500 Hz à 2300 Hz ;
  o celle de F3fin varie de 1500 Hz à 3300 Hz.

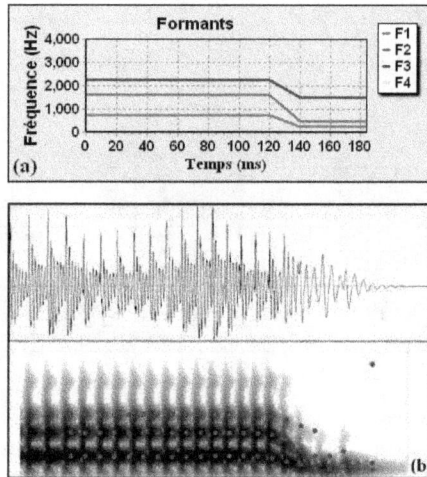

Figure 4-4 : Tests de perception des trois consonnes finales /p, t, k/. Une syllabe vietnamienne VC est synthétisée où V est la voyelle /a/ longue, la consonne finale C est synthétisée sans relâchement et avec une variation de la pente des transitions formantiques : les formants commandés dans (a), le signal synthétisé et les trois premiers formants mesurés dans (b)

Dans les tests de perception, il y a quarante-trois syllabes VC synthétisées avec des pentes différentes de formants F2 et F3. Les dix auditeurs (cinq hommes et cinq femmes) écoutent cinq fois ces syllabes présentées dans un ordre aléatoire et ils choisissent quelle consonne finale ils entendent : /p/, ou /t/, ou /k/, ou NAK (NAK est choisi pour le cas où le son synthétisé n'est pas reconnu, ou s'il n'appartient pas à l'ensemble des sons ci-dessus).

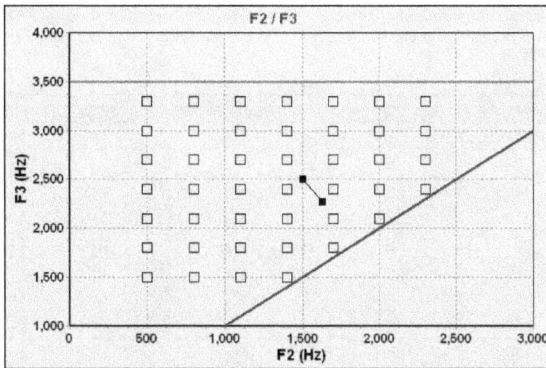

Figure 4-5 : Distribution des valeurs à la fin des deux formants (F2fin et F3fin) sur le plan de F2 / F3 dans les tests de perception des trois consonnes finales /p, t, k/ : les points jaunes sont les valeurs à la fin de l'évolution des deux formants F2, F3(F2fin et F3fin), la ligne bleue et la ligne rouge sont les frontières des valeurs de l'évolution de F2fin et de F3fin.

Les deux tableaux ci-dessous (tableau 4-4 et tableau 4-5) ci-dessus présentent les résultats des tests de perception. Les taux moyens de reconnaissance correcte sont calculés pour les dix auditeurs. Il est intéressant de noter qu'en variant la pente des transitions formantiques des F2 et F3 :

- la plupart des auditeurs peuvent reconnaître la consonne finale C comme l'une des trois consonnes finales /p, t, k/ ; le taux de reconnaissance correcte de NAK est toujours très petit ;
- les auditeurs peuvent distinguer les trois consonnes finales /p, t, k/ ; les meilleurs taux moyens de reconnaissance correcte des consonnes finales /p/, /t/ et /k/ sont 88 %, 92 % et 80 %, respectivement ; on peut trouver sur le plan de formants F2 / F3 trois régions distinctives correspondantes aux trois consonnes finales /p, t, k/ où chacune est bien reconnue (cf. tableau 4-5) ;
- les deux consonnes finales /p/ et /t/ sont perçues plus facilement que la consonne finale /k/ ; le taux moyen de reconnaissance correcte des consonnes /p/ et /t/ est élevé et la région des consonnes /p/ et /t/ dans le plan F2 / F3 est plus grande que celle de la consonne /k/ (il n'y a que trois positions sur le plan de F2 / F3 où la consonne finale C est perçue comme la consonne /k/ avec un taux moyen de reconnaissance correcte de plus supérieure à 60 %) ;
- en général, dans le contexte d'une syllabe VC (V est la voyelle /a/ longue), la consonne finale C est reconnue dans les conditions des taux les meilleurs :
  o comme la consonne finale /p/ : si F2fin = 1100 Hz et F3fin = 1500 Hz ;
  o comme la consonne finale /t/ : si F2fin = 1700 Hz et F3fin est élevé (3000 Hz) ;
  o comme la consonne finale /k/, si les deux valeurs du F2fin et du F3fin sont proches (2000 Hz et 2100 Hz, respectivement).

Tableau 4-4 : Test de perception pour la pente des transitions formantiques F2 et F3 dans le contexte VC. Les taux moyens de reconnaissance correcte sont calculés pour les dix auditeurs vietnamiens

Valeur à fin des formants		Taux de reconnaissance correcte (valeurs moyennes de dix auditeurs)			
F2 (Hz)	F3 (Hz)	/p/	/t/	/k/	NAK
500	1500	58%	30%	6%	6%
500	1800	68%	16%	14%	2%
500	2100	52%	24%	20%	4%
500	2400	50%	34%	10%	6%
500	2700	48%	32%	20%	0%
500	3000	48%	44%	6%	2%
500	3300	38%	30%	24%	8%
800	1500	80%	8%	12%	0%
800	1800	80%	10%	10%	0%
800	2100	78%	12%	6%	4%
800	2400	76%	18%	4%	2%
800	2700	74%	20%	6%	0%
800	3000	60%	30%	6%	4%
800	3300	52%	38%	8%	2%
1100	1500	88%	2%	10%	0%
1100	1800	68%	12%	16%	4%
1100	2100	78%	8%	10%	4%
1100	2400	70%	10%	14%	6%
1100	2700	74%	14%	10%	2%
1100	3000	62%	28%	8%	2%
1100	3300	52%	36%	12%	0%
1400	1500	52%	10%	34%	4%
1400	1800	34%	30%	34%	2%
1400	2100	30%	40%	30%	0%
1400	2400	44%	30%	22%	4%
1400	2700	30%	52%	16%	2%
1400	3000	16%	70%	14%	0%
1400	3300	16%	72%	8%	4%
1700	1800	4%	50%	44%	2%
1700	2100	8%	48%	40%	4%
1700	2400	10%	68%	22%	0%
1700	2700	8%	78%	12%	2%
1700	3000	2%	92%	6%	0%
1700	3300	4%	78%	18%	0%
2000	2100	0%	20%	80%	0%
2000	2400	0%	36%	62%	2%
2000	2700	0%	90%	10%	0%
2000	3000	0%	84%	16%	0%
2000	3300	2%	80%	14%	4%
2300	2400	0%	26%	70%	4%
2300	2700	0%	56%	36%	8%
2300	3000	0%	62%	32%	6%
2300	3300	2%	60%	24%	14%

Tableau 4-5 : Principaux résultats des tests de perception pour la pente des transitions formantiques F2 et F3 dans le contexte VC. Les taux moyens de reconnaissance correcte sont calculés pour les dix auditeurs vietnamiens

Valeur à fin des formants		Taux de reconnaissance correcte (valeurs moyennes de dix auditeurs)		
F2 (Hz)	F3 (Hz)	/p/	/t/	/k/
800	1500	80%	8%	12%
800	1800	80%	10%	10%
800	2100	78%	12%	6%
800	2400	76%	18%	4%
800	2700	74%	20%	6%
1100	1500	88%	2%	10%
1100	1800	68%	12%	16%
1100	2100	78%	8%	10%
1100	2400	70%	10%	14%
1100	2700	74%	14%	10%
1100	3000	62%	28%	8%
1400	3000	16%	70%	14%
1400	3300	16%	72%	8%
1700	2400	10%	68%	22%
1700	2700	8%	78%	12%
1700	3000	2%	92%	6%
1700	3300	4%	78%	18%
2000	2100	0%	20%	80%
2000	2400	0%	36%	62%
2000	2700	0%	90%	10%
2000	3000	0%	84%	16%
2000	3300	2%	80%	14%
2300	2400	0%	26%	70%

La figure 4-6 illustre concrètement les résultats moyens des tests de perception. Les taux moyens de reconnaissance correcte sont calculés pour les dix auditeurs. La figure 4-6 nous aide à mieux concevoir le changement des taux de reconnaissance correcte pour les trois consonnes finales /p, t, k/ en fonction des variations des valeurs du F2fin et du F3fin. Le taux de reconnaissance correcte de NAK n'est pas représenté ici, car il est plus ou moins à égal zéro.

Le tableau 4-6 ci-dessous compare les résultats de test de perception entre les auditeurs et les auditrices. On ne trouve pas de différence dans la reconnaissance des consonnes finales /p/ et /t/. En revanche, les auditrices peuvent percevoir plus facilement la consonne finale /k/ (le taux maximal de reconnaissance correcte est 100 % et le taux moyen est 90 %) que les auditeurs (taux maximal et moyen égal a 60 %). Néanmoins, à cause d'un nombre réduit de sujets (ce test de perception n'a été réalisé que dans le contexte de la voyelle /a/ avec cinq hommes et cinq femmes, cinq fois pour chacun et chacune), cette différence n'est probablement sans doute pas significative.

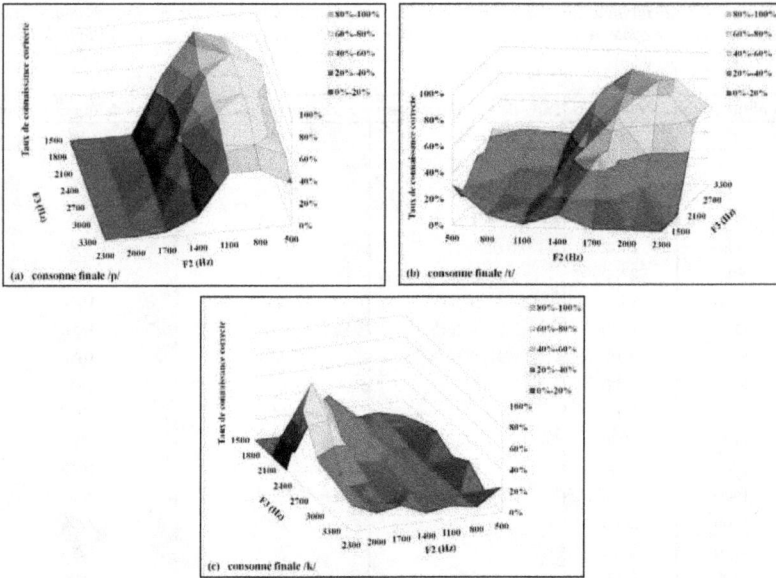

Figure 4-6 : Résultats des tests de perception des dix auditeurs vietnamiens pour la pente des transitions formantiques F2 et F3 dans le contexte VC : (a) pour la consonne /p/, (b) pour la consonne /t/ et (c) pour la consonne /k/

En nous fondant sur les résultats des tests statistiques et aussi sur ceux des tests de perception, nous pouvons confirmer avec certitude que la pente des transitions formantiques des F2 et F3 jouent un rôle important dans la discrimination des trois consonnes finales /p, t, k/ en vietnamien. Nous confirmons l'affirmation de Dorman pour qui le poids perceptif du relâchement est faible, alors que le poids perceptif de la transition est important [Dorman et al., 1977] : pour les trois consonnes finales occlusives vietnamiennes /p, t, k/ réalisées sans relâchement à la fin, la pente des transitions formantiques des F2 et F3 constitue le seul trait discriminant.

Par ailleurs, en étudiant la coarticulation d'une consonne avec les voyelles suivantes (c'est-à-dire la transition CV) dans plusieurs des langues du monde, beaucoup d'auteurs ont utilisé le concept d'équation du locus de Lindblom [Lindblom, 1963a] pour classifier et représenter les consonnes initiales. L'occupation des mêmes lieux d'articulation [Doan, 1999 ; Nguyen, 2007] des trois consonnes finales /p/, /t/ et /k/ avec les consonnes initiales /b/, /d/ et /g/, respectivement, et la symétrie généralement admise entre les productions CV et VC [Tabain et al., 2003] nous conduit à penser qu'une étude des équations du locus pour les consonnes finales vietnamiennes /p, t, k/ (c'est-à-dire la transition VC) pourrait s'avérer intéressante. Les parties suivantes de notre mémoire présenteront nos contributions à la détermination des équations du locus sur les trois consonnes finales /p, t, k/ en langue vietnamienne.

Tableau 4-6 : Comparaison des principaux résultats des tests de perception entre les auditeurs et les auditrices pour la pente des transitions formantiques F2 et F3 dans le contexte VC

Valeur à fin des formants		Taux de reconnaissance correcte (valeurs moyennes)					
F2 (Hz)	F3 (Hz)	/p/		/t/		/k/	
		auditeurs	auditrices	auditeurs	auditrices	auditeurs	auditrices
800	1500	84%	76%	4%	12%	12%	12%
800	1800	84%	76%	8%	12%	8%	12%
800	2100	92%	64%	8%	16%	0%	12%
800	2400	84%	68%	8%	28%	4%	4%
800	2700	80%	68%	20%	20%	0%	12%
1100	1500	92%	84%	4%	0%	4%	16%
1100	1800	80%	56%	8%	16%	8%	24%
1100	2100	76%	80%	8%	8%	12%	8%
1100	2400	64%	76%	12%	8%	16%	12%
1100	2700	68%	80%	16%	12%	12%	8%
1100	3000	52%	72%	32%	24%	12%	4%
1400	3000	20%	12%	68%	72%	12%	16%
1400	3300	12%	20%	80%	64%	8%	8%
1700	2400	12%	8%	84%	52%	4%	40%
1700	2700	8%	8%	80%	76%	12%	12%
1700	3000	0%	4%	88%	96%	12%	0%
1700	3300	4%	4%	84%	72%	12%	24%
2000	2100	0%	0%	40%	0%	60%	100%
2000	2700	0%	0%	96%	84%	4%	16%
2000	3000	0%	0%	88%	80%	12%	20%
2000	3300	0%	4%	84%	76%	12%	16%
2300	2400	0%	0%	36%	16%	60%	80%

4.2.4 Introduction de l'équation du locus

Le concept d'équation du locus en phonétique a d'abord été présenté par Lindblom [Lindblom, 1963a]. Les équations du locus pour les productions de consonne-voyelle (CV) sont obtenues en régressant des droites linéaires représentant la relation entre F2v (état stable de la voyelle V) et F2onset (correspondant au début de la transition formantique après le relâchement de la consonne C).

Lindblom a dérivé les équations du locus sous la formule : F2onset = a*F2v + b, où a et b représentent respectivement la valeur de la pente et l'ordonnée à l'origine [Lindblom, 1963a]. Les coefficients d'équation du locus sont obtenus pour une seule consonne coarticulée avec plusieurs voyelles, où F2onset et F2v représentent respectivement l'ordonnée et l'abscisse. Les fonctions linéaires relatives des deux paramètres sont eux-mêmes une fonction du lieu d'articulation des consonnes. Il convient de souligner que le locus de Lindblom est en fait la valeur de F2onset de la consonne, qui varie systématiquement en fonction de la voyelle suivante. Ainsi, ce locus n'est pas lié à la notion de « locus virtuel » de Delattre [1955], fondé sur un point fixe abstrait vers lequel converge la transition du deuxième formant des voyelles adjacentes.

Lindblom, dans une étude des trois consonnes initiales /b, d, g/ en syllabes CVC produites par un seul locuteur suédois, a obtenu les premiers résultats de l'équation du locus. Il a calculé des pentes d'équation du locus de 0.687, 0.278 et 0.953 pour /b/, /d/ et /g/ avec respectivement l'ordonnée à l'origine de 410 Hz, 1225 Hz et 360 Hz. Ses résultats ont aussi montré que les pentes d'équation du locus pour la catégorie vélaire sont plus raides dans le contexte des voyelles postérieures que dans le contexte des voyelles antérieures. Pour Lindblom, les droites de régression n'ont qu'un but descriptif et ne sont pas motivées par des considérations plus profondes comme l'explication de processus articulatoires complexes (p.67) [Lindblom, 1963a]. Il n'a proposé aucune hypothèse pour expliquer le phénomène d'équation du locus. L'idée que le lieu d'articulation des consonnes pouvait être distingué par la pente de la régression linéaire des valeurs de F2 a été ignorée pendant près de deux décennies.

Récemment, cependant, un regain d'intérêt pour ce phénomène empirique a émergé. Tout d'abord, en testant les syllabes CV prononcées par un locuteur (C étant la consonne initiale /g/ suivi par seize voyelles), Klatt [1979, 1987] a trouvé qu'il avait besoin de représenter l'équation du locus de /g/ avec trois droites de régression en fonction du contexte des voyelles suivantes (voyelles antérieures non arrondies, voyelles postérieures arrondies et voyelles postérieures non arrondies).

Nearey and Shammass [1987], ignorant les travaux précédents de Linblom, a rapporté une relation linéaire très solide entre la fréquence initiale de F2 (F2i) et l'état stable de voyelle (F2v, mesurée à 60 ms après le relâchement) dans les syllabes /CVd/ prononcées par dix locuteurs canadiens anglophones (cinq hommes et cinq femmes). Les droites de régression dépendaient de chaque catégorie de consonnes /b, d, g/. Nearey et Shammass ont conclu que les pentes et les ordonnées à l'origine pour les trois consonnes sont distinctes et donc représentent des propriétés invariantes distinctives (p.17) [Nearey and Shammass, 1987].

De nombreux auteurs ont continué à étudier l'équation du locus de Linblom et ont réussi à obtenir ces équations du locus pour les trois consonnes initiales sourdes /b, d, g/ dans plusieurs des langues du monde. Krull [1988, 1989] a étudié l'équation du locus avec la consonne initial /b/ pour les locuteurs suédois. Elle a établi que la pente de la droite de régression varie en fonction du lieu de l'articulation.

En outre, elle a également souligné une relation importante entre la pente d'équation du locus et le degré de la coarticulation CV : une droite de régression plus plate est en relation avec un locus invariant car F2onset est stable dans les changements de voyelles, tandis que des pentes plus raides indiquent une coarticulation maximale car F2onset change directement et linéairement en fonction des voyelles suivantes [Krull, 1988]. Ces résultats sont à comparer avec une recherche antérieure de Bladon et Al-Bamerni, qui a montré que les pentes plus raides indiquent un plus grand degré de coarticulation CV (ou une moindre résistance coarticulatoire) parce que le locus consonantique varie directement (et linéairement) avec la cible de la voyelle suivante [Bladon and Al-Bamerni, 1976].

En 1989, Sussman a publié des travaux sur l'invariance de la relation entre les lieux de l'articulation des consonnes occlusives et les propriétés d'équation du locus [Sussman, 1989]. Deux ans plus tard, en 1991, il a réalisé un corpus substantiel d'équations du locus avec vingt locuteurs américains anglophones (dix hommes et dix femmes). Tous ses résultats montrent que chaque lieu d'articulation présente une pente d'équation du locus qui diffère significativement des autres, la pente de la consonne labiale /b/ étant la plus raide et celle de la consonne alvéolaire /d/ la plus faible. Dans la procédure d'analyse discriminante à l'aide d'ordre supérieur et des paramètres dérivés de la pente et de l'ordonnée à l'origine, il a également obtenu un très bon résultat (100 % de classification correcte des catégories de la place des consonnes occlusives) [Sussman et al., 1991]. Sussman et ses collègues ont continué à étendre la métrique d'équation du locus aux enfants âgés de 3 à 5 ans [Sussman et al., 1992] et à d'autres langues telles que le thaï, l'urdu et l'arabe carienne [Sussman et al., 1993]. Les résultats montrent que la validité des droites de régression et la puissance de la classification de la pente et l'ordonnée à l'origine permettent de considérer l'équation du locus comme un indice phonétique d'ordre supérieur pour classifier et représenter le lieu d'articulation des occlusives.

Ensuite, Sussman a appliqué l'équation du locus aux autres consonnes, par exemple : les occlusives sourdes non aspirées , les nasales, les fricatives et les approximantes /m, n, v, z, ʒ, ð, w, j, r, l/, ainsi que les occlusives sourdes /p, t, k/ dans les groupes /sC/ pour étudier le comportement pour des lieux d'articulation selon plusieurs classes des modalités [Sussman, 1994]. Plus tard, en 1996, Sussman a étendu l'étude des équations du locus à plusieurs consonnes différentes, par exemple : l'occlusive sonore /d/, l'aspirée sourde /th/, l'occlusive nasale /n/, la fricative sonore /z/ et la sourde /s/. Toutes les consonnes coronales ont été classées comme alvéolaires avec une précision de 87.1 % [Sussman and Shore, 1996].

En 1995, un autre auteur a également présenté l'équation du locus pour les occlusives espagnoles /b, d, g, p, t, k/, avec 100 % de classification pour les lieux d'articulation de toutes les catégories [Celdran and Villalba, 1995].

En 1997, Yeou a présenté ses résultats a propos des consonnes arabes [Yeou, 1997]. En étudiant un corpus de l'arabe standard moderne des dix locuteurs marocains, Yeou a réussi d'une part à distinguer les lieux des consonnes pharyngales et non pharyngales, et d'autre part il a conclu que les équations du locus ne représentent pas certaines distinctions du lieu d'articulation lorsque plusieurs consonnes sont prises en considération en variant à la fois le lieu et le mode d'articulation [Yeou, 1997].

Pour la langue vietnamienne, les premières équations du locus ont été réalisées par Castelli et Hierholtz [2006] pour les deux occlusives initiales /b, d/ et la fricative sonore /ɣ/. Les équations du locus obtenues sont très linéaires avec un bon regroupement des données autour de la droite de régression.

Outre ces résultats basés sur les données de plusieurs langues et sur des consonnes différentes, Chennoukh a étudié l'équation du locus au moyen du modèle à région distinctive (DRM)

[Chennoukh et al., 1997]. Il a constaté que l'équation du locus dépend de la place du lieu d'articulation de la consonne d'une part et du degré de coarticulation d'autre part (p.2380) [Chennoukh et al., 1997]. Dans le cas de degré maximal de coarticulation CV, la pente d'équation du locus est proche de un, alors qu'elle est plus petite dans le cas de coarticulation CV minimale.

En bref, l'équation du locus ayant été étudiée pour la transition CV dans les syllabes CV, CVC et VCV et pour chaque lieu d'articulation, les droites de régression présentent toujours une relation linéaire entre F2onset et F2v. Jusqu'à présent, le cas des consonnes finales (c'est-à-dire la transition VC) n'a pas encore été envisagé.

Concernant la symétrie des productions VC et CV, plusieurs auteurs ont montré que le phénomène de la symétrie des productions VC et CV n'est pas présent dans toutes les langues dans le monde. En fait, [Kozhevnikov and Chistovich, 1965] a montré que la transition VC est plus variable que la transition CV. [Tuller and Kelso, 1990] a présenté que dans le cas de parole rapide, l'articulation de la voyelle laryngale ouverte avec une consonne occlusive dans une syllabe CV est plus stable que celle dans une syllabe VC. [Kochetov, 2002] a montré les différences significatives dans les gestes de l'articulation des consonnes initiales (CV) et des codas (VC) en Russe :

- les gestes des consonnes initiales (CV) sont commandées plus fortement (la magnitude et quelquefois la durée sont plus grandes) ;
- les gestes des codas (VC) sont plus variables et avec réduction de la magnitude et de la durée.

Les auteurs [Byrd, 1994 ; Turk, 1994] ont également montré que les gestes des consonnes initiales sont plus stables que pour les consonnes des codas.

Au contraire, Tabain dans une étude sur la langue aborigène a montré qu'une plus grande parité entre les productions CV et VC peut être une contrainte dans les langues ayant de nombreuses places d'articulation [Tabain et al., 2003].

Alors, quelques questions fondamentales restent encore sans réponse :

- est-ce que l'équation du locus de la forme F2offset = a*F2v + b existe pour les consonnes finales (transition VC) ?
- si elle existe, est-ce que les équations du locus peuvent aussi être considérées comme un indice phonétique d'ordre supérieur pour classifier et représenter les occlusives finales ?
- est-ce que les valeurs des paramètres pour les productions VC correspondent à celles des productions CV ?

Afin de trouver la réponse à ces trois questions, nous calculerons les équations du locus pour les labiales /p/, dentales /t/ et vélaires /k/ en position finale avec plusieurs voyelles.

Comme nous l'avons dit dans le chapitre 2, le vietnamien présente neuf voyelles postérieures /a, ɤ, ɔ, u, o, ɯ, ă, ɤ̆, ɔ̆/ et trois voyelles antérieures /ɛ, i, e/. En fonction de la durée de la voyelle, nos résultats présentés dans le chapitre 3 ont montré que les douze voyelles peuvent être classées en deux groupes : neuf voyelles longues /a, ɤ, ɔ, ɛ, u, i, e, o, ɯ/ et trois voyelles brèves /ă, ɤ̆, ɔ̆/. Les trois voyelles brèves /ă, ɤ̆, ɔ̆/ présentent les mêmes caractéristiques spectrales (F1 et F2) que les voyelles longues /a, ɤ, ɔ/, respectivement, mais elles ont les caractéristiques dynamiques différentes (prononciation isolée non monotone, pente des transitions formantiques dans la production VC) et durée plus courte. Ces différences suggèrent la possibilité que les voyelles longues puissent présenter une coarticulation consonantique différente de celle des voyelles brèves.

En outre, bien que les propriétés des équations du locus aient été étudiées intensément sur de nombreuses catégories de consonnes initiales dans plusieurs des langues du monde, il n'y a pas beaucoup de recherches sur ces propriétés en langues tonales. Pour autant que nous le sachions, il n'y a pas eu d'étude de l'équation du locus dans le contexte de tons différents. En étendant la métrique d'équation du locus à la langue thaïe, Sussman n'a utilisé que les voyelles portant le ton moyen [Sussman et al., 1993]. Castelli et Hierholtz [2006] ont choisi seulement le ton montant pour leur corpus. Le phénomène de pharyngalisation pour le ton brisé (un mouvement de constriction glottale) et le ton grave (une laryngealization lourde) [Han and Kim, 1974 ; Doan, 1999] nous conduit à être avide de savoir si les propriétés de l'équation du locus sont affectées par le contexte tonal.

A propos de la place d'articulation et du mode d'articulation, le linguiste vietnamien [Doan, 1999] précise que le vietnamien inclut six consonnes finales /p, t, k, m, n, ŋ/ pouvant se subdiviser à l'égal d'ailleurs d'autres langues comme présenté dans le tableau 4-7, ci-dessous.

Plus précisément, l'application de l'équation du locus pour les consonnes finales du vietnamien vise à deux objectifs principaux :

- tout d'abord, étendre la métrique de l'équation du locus aux trois finales non aspirées, sourdes /p, t, k/ ; nous voulons également comparer les espaces CV et VC définis par l'équation du locus dans le cadre des occlusives (en position initiale et position finale) ;
- ensuite étendre l'étude à deux contextes de tons différents et ainsi qu'à deux groupes de voyelles (longues et brèves).

Tableau 4-7 : Lieu et mode d'articulation des consonnes finales vietnamiennes, d'après [Doan, 1999 ; Nguyen, 2007]

Mode d'articulation \ Lieu d'articulation		labiale	dentale	vélaire
occlusive	non aspirée, sourde	/p/	/t/	/k/
	nasale	/m/	/n/	/ŋ/

4.2.5 Application de l'équation du locus pour les consonnes finales

4.2.5.1 Corpus vietnamien

Afin d'étudier les équations du locus pour les consonnes finales occlusives /p, t, k/, nous avons besoin de construire un corpus enregistré par des locuteurs et des locutrices. Le corpus doit inclure toutes les combinaisons possibles de ces consonnes finales avec les douze voyelles. De plus, le vietnamien est une langue tonale avec six tons : ton plat, ton descendant, ton brisé, ton interrogatif, ton montant et ton grave [Doan, 1999 ; Nguyen, 2002 ; Michaud, 2004]. Toutefois, les syllabes fermées se terminant par les consonnes finales sourdes /p, t, k/ en vietnamien ne peuvent porter que deux tons : le ton montant et le ton grave. Donc, afin d'évaluer l'effet des tons différents sur l'équation du locus des trois consonnes finales sourdes /p, t, k/, deux corpus ont été construits : un pour le ton montant et un pour le ton grave.

Rappelons qu'en étudiant les quatre séries des voyelles longues et brèves vietnamiennes (chapitre 3) et les trois consonnes finales /p, t, k/ (partie 4.2, chapitre 4), on a déjà réalisé un corpus pour le ton montant (quatre locuteurs) concernant les trois consonnes finales /p, t, k/ croisées avec les douze voyelles /a, ă, ɤ, ˇɤ, ɔ, ˇɔ, ɛ, i, u, e, ɯ, o/. Voici les étapes de notre construction de corpus :

- premièrement, nous reprenons le corpus avec ton montant (quatre locuteurs M1, M2, M3, M4) ;
- deuxièmement, comme les études précédentes des équations du locus dans plusieurs langues du monde citées ci-dessus ont été réalisées avec un corpus d'hommes et de femmes, nous complétons notre dernier par l'enregistrement de quatre locutrices natives (nommées F1, F2, F3, F4) selon les mêmes conditions ; les quatre locutrices sélectionnées sont nées et habitent le nord du Vietnam ; elles parlent le dialecte standard (Hanoi) ; chaque locutrice doit prononcer cinq fois toutes les combinaisons portant le ton montant (douze voyelles x /p, t, k/) en une structure de syllabe VC2 et C1VC2 où C1 est toujours la consonne initiale /b/ ; nous rappelons que ces combinaisons sont placées dans une phrase porteuse signifiant : « dire VC2 lentement », ou « dire C1VC2 lentement » ;
- troisièmement, afin maintenant d'évaluer l'effet des tons sur l'équation du locus, on enregistre un autre corpus avec ton grave ; celui-ci inclut toutes les combinaisons possibles supportées par le ton grave, soit les trois consonnes finales en combinaison avec les trois voyelles /a, i, u/, qui occupent les trois sommets du triangle vocalique, dans la structure de la syllabe (C1)VC2 ; cinq locuteurs sélectionnés trois hommes M1, M3, M4 et deux femmes F2, F4 parmi les huit locuteurs précédents. Ils doivent prononcer cinq fois pour chacun des deux tons les combinaisons VC2 et C1VC2 dans la phrase porteuse habituelle du vietnamien: « dire VC2 lentement », ou « dire C1VC2 lentement ».

Rappelons qu'en général, plus les locuteurs sont nombreux, plus on peut faire confiance aux résultats d'analyses. Dans notre cas, le corpus du ton grave construit seulement avec trois voyelles prononcées par cinq locuteurs (trois hommes et deux femmes) n'est pas encore complet. Mais il permet quand même d'estimer dans un premier temps l'effet du ton sur l'équation du locus.

Ces deux corpus complémentaires (celui des locutrices et celui du ton grave) sont réalisés dans les mêmes conditions d'enregistrement que celui des locuteurs, par exemple : même fréquence d'échantillonnage de 11025 Hz, codé sur 16 bits, même microphone-casque de marque SENNHEISER HMD 410-6 et préamplificateur Soundcraft Spirit Folio FX8, dans le même studio calme.

En résumé, dans le premier corpus, corpus du ton montant, les huit locuteurs (hommes et femmes) prononcent deux combinaisons, VC2 et C1VC2, /p, t, k/ combinées avec les douze voyelles créant 2720 combinaisons (/k/ finale x 12 voyelles x 2 contextes VC2 / C1VC2 x 5 répétitions x 8 locuteurs et deux consonnes finales /p, t/ x 11 voyelles x 2 contextes VC2 / C1VC2 x 5 répétitions x 8 locuteurs), dont seulement 1720 correspondent à des items lexicaux.

Dans le deuxième corpus, corpus du ton grave, les cinq locuteurs sélectionnés parmi les huit locuteurs (trois hommes et deux femmes) prononcent les séries de combinaisons pour (C1)VC2. Dans ce corpus, il y a au total 450 combinaisons (3 consonnes finales x 3 voyelles x 2 contextes VC2 et C1VC2 x 5 répétitions x 5 locuteurs), dont 275 items lexicaux.

Deux paramètres F2offset et F2v ont été mesurés manuellement à l'aide du logiciel WinSnoori[4]. Le paramètre F2offset est défini comme la fréquence du deuxième formant F2 mesurée à la dernière impulsion glottale. La valeur de F2v est mesurée selon les critères suivants :

- si la courbe du F2 est montante, ou descendante, ou stable, le point central est choisi en fonction de la durée de voyelle ;
- si la courbe du F2 est en forme U ou de ∩ , la valeur de F2v est mesurée au point maximal ou au point minimal de la courbe.

4.2.5.2 L'équation du locus dans le contexte du ton montant

Dans le corpus du ton montant, les équations du locus ont été générées pour les deux consonnes /p, t/ avec onze voyelles (la voyelle brève /ɔ/ ne se combine jamais avec ces consonnes finales), c'est-à-dire 110 combinaisons (5 répétitions x 2 contextes VC2 / C1VC2) x 11 voyelles) et pour la consonne /k/ avec douze voyelles, c'est-à-dire 120 combinaisons (5 répétition x 2 contextes x 12 voyelles).

Le tableau 4-8 ci-dessous présente pour les trois consonnes finales occlusives /p, t, k/ et chaque locuteur et locutrice, les droites de régression avec les pentes, les ordonnées à l'origine, ainsi que le coefficient de corrélation (R^2) et l'erreur type de l'estimation (SE). Ces valeurs sont des moyennes sur les contextes des voyelles précédentes.

---

[4] http://www.loria.fr/~laprie/WinSnoori/

Tableau 4-8 : Pente (a), ordonnée à l'origine (b), R^2 et SE pour huit locuteurs vietnamiens

Locuteur	a			b (Hz)			R^2			SE (Hz)		
	/p/	/t/	/k/	/p/	/t/	/k/	/p/	/t/	/k/	/p/	/t/	/k/
M1	0.8	0.57	1.3	62	714	-472	0.88	0.83	0.86	41	37	66
M2	0.73	0.58	1.05	152	692	-158	0.85	0.81	0.74	44	40	76
M3	0.64	0.59	0.95	258	654	-35	0.87	0.74	0.65	34	49	88
M4	0.76	0.58	0.9	135	707	33	0.79	0.87	0.72	56	33	72
F1	0.78	0.66	0.94	215	490	-95	0.81	0.77	0.72	63	59	88
F2	0.85	0.65	1.15	241	760	-331	0.86	0.8	0.93	58	57	51
F3	0.83	0.62	1.11	69	713	-204	0.86	0.81	0.86	52	48	63
F4	0.69	0.64	1.06	343	687	-191	0.89	0.89	0.78	38	37	81
Moyen	0.76	0.61	1.06	184	677	-182	0.85	0.82	0.78	48	45	73
Ecart-type	0.07	0.03	0.12	91	76	151	0.03	0.05	0.09			

L'étendue de la pente de la consonne labiale /p/ est de 0.64 à 0.85 et de 62 Hz à 343 Hz pour l'ordonnée à l'origine. La pente moyenne est de 0.76 (e.t. = 0.07) avec une l'ordonnée à l'origine de 184 Hz (e.t. = 91 Hz). Les 85% de la variabilité de la variable dépendante F2offset est représenté par F2v. La pente de la consonne dentale /t/ varie de 0.57 à 0.66 et l'ordonnée à l'origine varie de 490 Hz à 760 Hz. La pente moyenne de la consonne /t/ est 0.61 (e.t. = 0.03) avec une l'ordonnée à l'origine de 677 Hz (e.t. = 76 Hz). Les 82% de la variabilité de la variable dépendante, F2offset, est représenté par F2v. Pour la consonne vélaire /k/, la pente varie de 0.9 à 1.3 avec une l'ordonnée à l'origine entre -472 Hz à 33 Hz. La pente moyenne (et e.t.) est de 1.06 (0.12) avec une l'ordonnée à l'origine (et e.t.) de -182 Hz (151 Hz). Les 78% de la variabilité de la variable dépendante, F2offset, est représenté par F2v. L'erreur type de l'estimation (SE) est relativement petite, elle varie de 34 Hz à 63 Hz pour la labiale /p/, de 33 Hz à 59 Hz pour la dentale /t/ et de 51 Hz à 88 Hz pour la vélaire /k/.

Considérons le tableau 4-8, nous constatons que pour les locuteurs (hommes et femmes) :

- la pente de la droite de régression la plus raide correspond à la consonne vélaire (moyenne = 1.06, e.t. = 0.12), et celle de la labiale (moyenne = 0.76, e.t. = 0.07) est plus raide que celle de la dentale (en moyenne de 0.61, e.t. = 0.03) ;
- la valeur moyenne de l'ordonnée à l'origine de la dentale (moyenne = 677 Hz, e.t. = 76 Hz) est plus grande que celle de la labiale (moyenne = 184 Hz, e.t. = 91 Hz).

En langue vietnamienne, il y a trois lieux d'articulation pour les occlusives finales : labiale /p/, dentale /t/ et vélaire /k/ (cf. tableau 4-7) [Doan, 1999 ; Nguyen, 2007]. Nos résultats pour les occlusives en position finale concordent avec ceux obtenus par les études précédentes dans les productions CV (C étant la consonne initiale occlusive /b, d, g/) pour plusieurs langues : la vélaire finale /k/ présente la pente la plus raide (1.06) par rapport respectivement aux labiales, dentales et la dentale finale /t/ présente la pente la plus petite (0.61) (cf. tableau 4-8).

La figure 4-7 représente un exemple de l'équation du locus du locuteur M3 pour l'occlusive finale /p/. Notons que la voyelle brève /ɔ̆/ ne se combine jamais avec cette consonne finale.

Les groupes des voyelles antérieures /a, ă, ɤ, ɤ̆, ɔ, u, o, ɯ/ et des voyelles postérieures /ɛ, i, e/ se trouvent sur la même droite de régression.

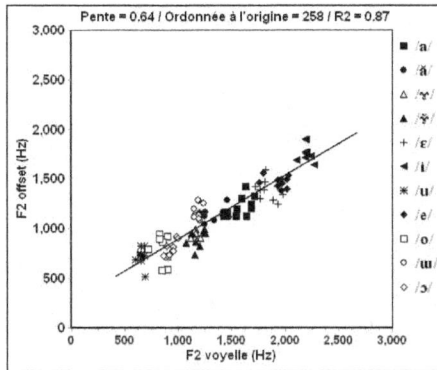

Figure 4-7 : Equation du locus du locuteur M3 pour l'occlusive finale /p/

La figure 4-8 ci-dessus présente l'équation moyenne du locus des huit locuteurs pour chaque catégorie de consonne finale. Nous avons déjà précisé que dans toutes catégories de consonnes finales, il n'y a que la consonne finale /k/ qui peut se combiner avec la voyelle brève /ɔ/ (cf. figure 4-8(c)). Ces diagrammes sont construits à partir de la moyenne des coordonnées F2offset / F2v de chaque voyelle dans les deux contextes VC2 et C1VC2. Ils montrent clairement que les données se rassemblent près de la droite de régression. Les erreurs types d'estimation (SE) sont extrêmement petites : 48 Hz pour la labiale /p/, 45 Hz pour la dentale /t/ et 73 Hz pour la vélaire /k/. Ces valeurs peuvent être comparées avec le SE trouvé par Sussman et ses collègues pour plusieurs langues, par exemple : l'anglais américain [Sussman et al., 1991], l'arabe carienne, le thaï [Sussman et al., 1993] et pour le vietnamien [Castelli and Hierholtz, 2006] (cf. tableau 4-9 ci-dessous).

Alors que dans le contexte de la consonne vélaire, le groupe des voyelles antérieures ne reste pas près la droite de régression, ce même groupe de voyelles antérieures avec les postérieures pour la labiale et la dentale se répartissent tout le long de la droite de régression (cf. figure 4-8(c)).

L'espace de l'équation du locus (défini par la pente et l'ordonnée à l'origine) pour les occlusives finales vietnamiennes est illustré dans la figure 4-9. Notons que les trois lieux des consonnes occlusives sont clairement séparés : la dentale /t/ se différencie de la labiale /p/ et de la vélaire /k/ par des valeurs de F2offset plus élevés, ce qui reflète une valeur d'ordonnée à l'origine plus grande. La labiale /p/ et la vélaire /k/ sont séparées par des pentes différentes : la pente de /k/ est plus raide que celle de /p/.

Une analyse multi-variée de la variance (MANOVA) est menée avec la pente et l'ordonnée à l'origine pour les trois consonnes /p, t, k/. Cette analyse MANOVA montre un effet significatif au lieu des consonnes occlusives [F(2, 42) = 105.43, avec p-valeur < 0.0001].

Les analyses uni-variées de la pente et de l'ordonnée à l'origine montrent un effet significatif avec la p-valeur très petite ([F(2, 21) = 52.75, avec p-valeur < 0.0001] pour la pente et [F(2, 21) = 105.53, avec p-valeur < 0.0001] pour l'ordonnée à l'origine).

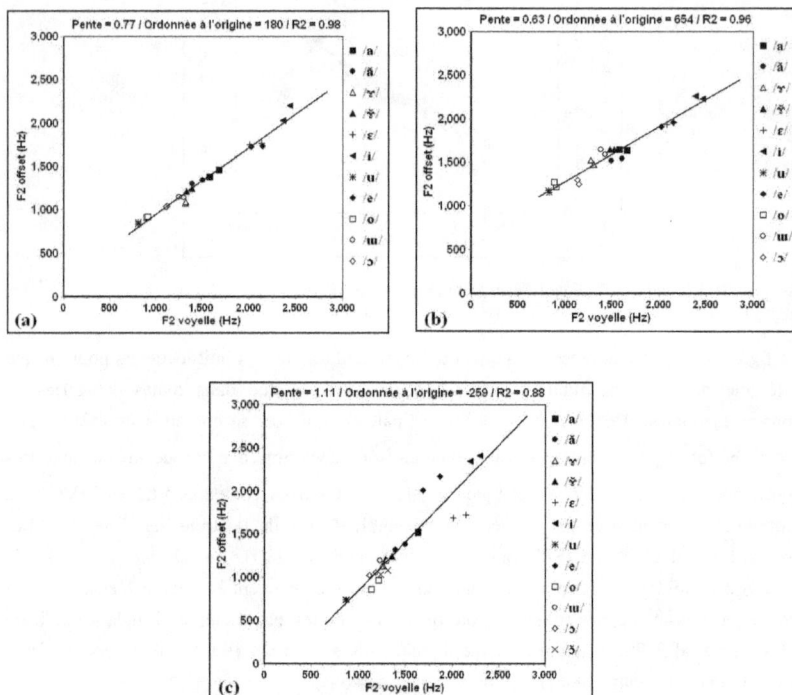

Figure 4-8 : Equation du locus moyenne obtenue à partir de huit locuteurs vietnamiens pour les trois consonnes finales occlusives : /p/ dans (a), /t/ dans (b) et /k/ dans (c)

Tableau 4-9 : Erreurs types d'estimation (SE) pour les langues différentes. Les cinq premières lignes concernent les consonnes initiales ; la ligne dernière (nos résultats) concerne les consonnes finales

Consonne - voyelle	SE (Hz)		
	labiale	dentale	vélaire
Anglais américain /b, d, g/	104	65	125
Thaï /b, d/	113	70	
Arabe carienne /b, d, g/	70	58	130
Urdu /b, d, g/	52	57	139
Vietnamien /b, d, ɣ/	51	40	58
Voyelle - consonne	SE (Hz)		
	labiale	dentale	vélaire
Vietnamien /p, t, k/	48	45	73

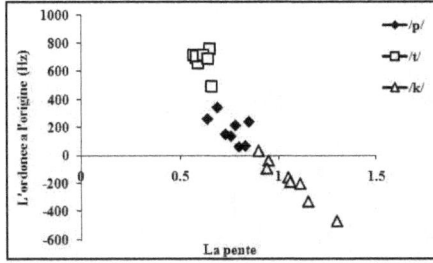

Figure 4-9 : Espace d'équation du locus pour les trois consonnes finales occlusives /p, t, k/ pour chacun des huit locuteurs vietnamiens (un symbole par locuteur ou locutrice)

En vietnamien comme dans les autres langues, l'occlusive finale /k/ présente le même lieu d'articulation que la consonne initiale /g/. En vietnamien, elle partage également le même lieu d'articulation que la fricative initiale /ɣ/. Afin de déterminer quantitativement comment le lieu des voyelles affecte l'articulation de la consonne /k/, les paramètres d'équation du locus ont été comparés entre les groupes allophoniques. Comme les travaux de Sussman et ses collègues sur la consonne vélaire /g/ de l'anglais américain [Sussman et al., 1991] et les études de Castelli et Hierholtz sur la vélaire fricative /ɣ/ du vietnamien [Castelli and Hierholtz, 2006], en fonction des voyelles antérieures et postérieures, existe-t-il, pour F2, une seule droite d'équation de locus ou deux pour F2 ? Le tableau 4-10 ci-dessous donne les équations du locus de la palatale /k/ et de la vélaire /k/ pour chaque locuteur.

La pente de la vélaire /k/ combinée avec les voyelles antérieures varie de 0.69 à 1.12, la valeur moyenne (et e.t.) est 0.98 (0.13), tandis que, dans le cas de combinaisons avec les voyelles postérieures, elle varie de -0.09 a 1.35 avec la valeur moyenne (et e.t.) est 0.33 (0.46). Deux tests ANOVA (un pour les pentes et un autre pour les ordonnées à l'origine) ont été effectués pour les trois groupes de voyelles (antérieures, postérieures et toutes). Ils montrent un effet significatif pour les groupes de traitement des voyelles ([$F(2, 23) = 14.02$, avec p-valeur < 0.001] pour la pente et [$F(2, 23) = 16.71$, avec p-valeur < 0.0001] pour l'ordonnée à l'origine) et des différences significatives entre chaque paire dans les Scheffé F-tests (p-valeur < 0.001).

Les deux figures (figure 4-10(a) et figure 4-10(b)) illustrent deux droites de régression correspondant à l'équation du locus de la consonne vélaire occlusive /k/ avec respectivement les voyelles postérieures et les voyelles antérieures. Ces deux droites de régression sont construites par les valeurs moyennes des coordonnées F2offset / F2v calculées pour chaque voyelle dans les deux contextes VC2 et C1VC2. Même si l'équation du locus de l'occlusive vélaire avec les voyelles postérieures est fortement linéaire (c'est-à-dire les voyelles postérieures sont regroupée le long de la droite) ($R^2 = 0.76$ et SE = 74 Hz), celle de l'occlusive vélaire avec les voyelles antérieures ne présente pas un bon résultat ($R^2 = 0.16$ et SE = 438 Hz).

Tableau 4-10 : Pente (a), ordonnée à l'origine (b), R^2 et SE pour la consonne vélaire /k/ dans le contexte des voyelles antérieures et postérieures

Locuteur	9 voyelles postérieures /a, ă, ɤ, ɤ̆, u, o, ɯ ɔ, ɔ̆/				3 voyelles antérieures /ɛ, i, e/			
	a	b (Hz)	R^2	SE (Hz)	a	b (Hz)	R^2	SE (Hz)
M1	1.08	-241	0.78	73	0.41	1267	0.09	468
M2	0.98	-98	0.76	74	0.33	1321	0.16	438
M3	1.07	-190	0.78	69	-0.09	1936	0	615
M4	1.05	-161	0.86	55	-0.09	1950	0.01	387
F1	0.69	237	0.55	96	0.61	689	0.19	519
F2	0.92	-11	0.77	79	1.35	-728	0.74	344
F3	0.94	-27	0.78	67	-0.08	2455	0.01	324
F4	1.12	-293	0.79	80	0.2	1676	0.06	408
Moyen	**0.98**	**-98**	**0.76**	**74**	**0.33**	**1321**	**0.16**	**438**
Ecart-type	**0.13**	**156**	**0.08**		**0.46**	**921**	**0.23**	

Comme indiqué précédemment, en fonction des lieux d'articulation pour chaque consonne, les équations du locus sont stables. La figure 4-9 présente un effet significatif de la pente et de l'ordonnée à l'origine, ce qui constitue un bon paramètre pour la distinction entre les classes labiale /p/ et dentale /t/. On peut alors se poser la question de savoir si cet effet existe lorsque la classe vélaire /k/ détermine deux groupes allophoniques (par les voyelles postérieures et les voyelles antérieures) ?

En regardant la figure 4-11, on peut constater que l'allophone palatal /k/ présente généralement une pente assez faible. Toutefois, deux observations échappent à cette tendance, l'une au centre de la fenêtre (concernant à locutrice F1), et l'autre en bas à droite (concernant à locutrice F2), mais la plupart des observations peuvent être différenciées entre elles (la labiale /p/, la dentale /t/ et la vélaire /k/ avec les voyelles postérieures).

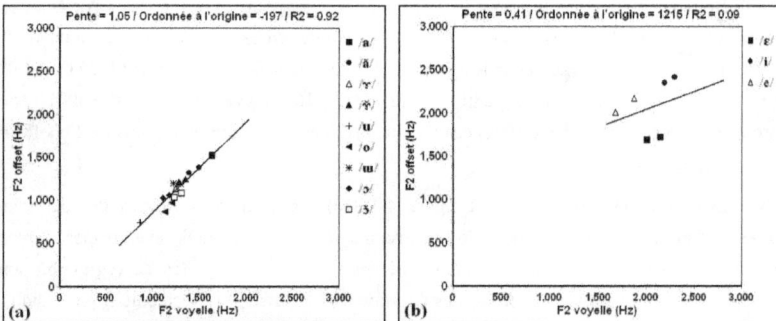

Figure 4-10 : Equation du locus calculée à propose de la consonne finale occlusive /k/ avec les voyelles postérieures dans (a) et avec les voyelles antérieures dans (b) pour les locuteurs

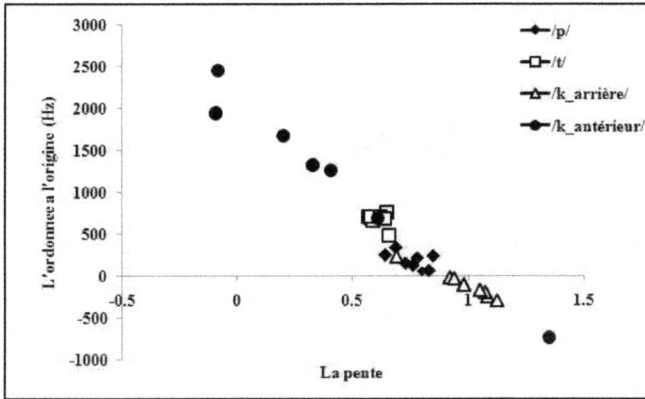

Figure 4-11 : Espace d'équation du locus calculé pour chacun des huit locuteurs vietnamiens (un symbole par locuteur ou locutrice) à propos des consonnes finales occlusives /p/, /t/, /k/ avec les voyelles antérieures et /k/ avec les voyelles postérieures

Les données pour la labiale, la dentale et la vélaire (avec les voyelles postérieures) sont bien regroupées et occupent généralement trois régions distinctes :

- les consonnes vélaires occlusives (/k/ qui suivent les voyelles postérieures) en bas à droite de l'espace, se différencient des labiales et dentales par la pente la plus élevé et une ordonnée à l'origine la plus basse ;
- les consonnes occlusives labiales /p/ et dentales /t/ se distinguent par les différences de pente et d'ordonnée à l'origine : la pente de la labiale /p/ est plus raide, mais son ordonnée à l'origine est plus petite que celle de la dentale /t/ ;
- il n'y a que deux chevauchements qui ne concernent qu'une seule locutrice F1 :
  - o la vélaire /k/ se mêle aux labiales des autres locuteurs ;
  - o la palatale /k/ se confond avec les dentales des autres locuteurs.

Un test MANOVA a été réalisé sur la pente et l'ordonnée à l'origine des quatre classes de la labiale, la dentale, la vélaire avec les voyelles postérieures et de la vélaire avec les voyelles antérieures. Un effet significatif est trouvé [$F_{(3, 56)}$ = 12.2, avec p-valeur < 0.0001]. Deux analyses uni-variées de la pente et de l'ordonnée à l'origine montrent des effets significatifs avec [$F_{(3, 28)}$ = 12.21, avec p-valeur < 0.0001] and [$F_{(3, 28)}$ = 9.1, p-valeur < 0.0001], respectivement. Le test Bonferroni qui ajoute un seuil d'alpha de 0.05 au test-T, est utilisé pour analyser les différences entre les consonnes occlusives en fonction de la pente et de l'ordonnée à l'origine. Les résultats de ces comparaisons sont représentés dans le tableau 4-11 ci-dessous. Toutes les comparaisons sont significatives à la p-valeur de 0.01 ou de 0.05, à l'exception de la différence de la pente et de l'ordonnée à l'origine entre la dentale /t/ et la vélaire /k/ avec les voyelles antérieures.

Tableau 4-11 : Résultats des tests Bonferroni sur les différences entre les consonnes finales occlusives en fonction de la valeur moyenne de la pente et de la valeur moyenne de l'ordonnée a l'origine. * = le test-T est significatif au seuil de 0.05 ; ** = le test-T est significatif au seuil de 0.01 ; ns = non significatif

	Pente				Ordonnée à l'origine			
	/p/	/t/	/k_arrière/	/k_antérieure/	/p/	/t/	/k_arrière/	/k_antérieure/
Moyen	0.76	0.61	0.98	0.33	184	677	-98	1321
/p/		**	**	*		**	**	**
/t/			**	ns			**	ns
/k_arrière/				**				**

En conclusion, les premiers résultats nous permettent d'affirmer que :

- les équations du locus existent pour les occlusives finales /p, t, k/ dans la langue vietnamienne ;
- la validité de la droite de régression et la puissance de la classification par la pente et de l'ordonnée à l'origine permettent d'interpréter les équations du locus comme un indice phonétique d'ordre supérieur pour classifier et représenter les occlusives finales ;
- comme en position initiale, la vélaire /k/ présente la pente plus raide, et une pente plus inférieure pour la dentale /t/ ;
- dans l'espace de l'équation du locus, la plupart des observations des occlusives finales /p/, /t/, /k/ avec les voyelles antérieures et /k/ avec les voyelles postérieures peuvent être différenciées ;
- la comparaison entre nos études sur les équations du locus pour les occlusives finales /p, t, k/, avec les résultats obtenus pour les occlusives initiales /b, d, g/ dans plusieurs des langues du monde, et avec les consonnes initiales /b, d, ɣ/ du vietnamien montrent bien que les productions VC et CV sont symétriques.

4.2.5.3 L'équation du locus dans le contexte du ton montant en fonction des voyelles longues et brèves vietnamiennes

Les résultats précédents ont montré qu'en fonction des lieux d'articulation pour chaque consonne (labiale /p/, dentale /t/, palatale /k/ et vélaire /k/), les équations du locus sont stables. La pente et l'ordonnée à l'origine nous permettent de distinguer les classes labiale, dentale et vélaire suivante ou précédé de toutes les voyelles et par chacun des deux groupes allophoniques (voyelles antérieures et voyelles postérieures). Dans la suite, nous cherchons à savoir si le même résultat serait obtenu lorsque les voyelles vietnamiennes sont divisées en deux groupes selon leur durée (longue et brève). Avec les voyelles brèves on peut penser que les effets de coarticulation avec la consonne sont plus importants. Les trois tableaux ci-dessous (tableau 4-12, tableau 4-13 et tableau 4-14), résument les résultats pour /p/, /t/ et /k/, respectivement, avec les valeurs de pente et de l'ordonnée à l'origine pour chaque locuteur et locutrice dans le contexte des voyelles longues et des voyelles brèves.

Tableau 4-12 : Pente (a), ordonnée à l'origine (b), R^2 et SE de la consonne labiale /p/ dans le contexte des voyelles longues et des voyelles brèves

Locuteur	9 voyelles longues /a, ɤ, u, o, ɯ ɔ, ɛ, i, e/				3 voyelles brèves /ă, ɤ̆, ɔ̆/			
	a	b (Hz)	R^2	SE (Hz)	a	b (Hz)	R^2	SE (Hz)
M1	0.8	72	0.9	41	0.61	271	0.16	430
M2	0.76	180	0.88	49	0.47	664	0.23	503
M3	0.63	276	0.89	36	0.89	-100	0.48	276
M4	0.77	113	0.8	62	0.42	635	0.23	243
F1	0.79	148	0.9	50	-0.57	2542	0.03	1145
F2	0.84	268	0.87	62	0.68	422	0.43	302
F3	0.83	70	0.87	57	0.95	-96	0.27	519
F4	0.69	316	0.92	38	0.31	976	0.03	604
Moyen	**0.76**	**180**	**0.88**	**49**	**0.47**	**664**	**0.23**	**503**
Ecart-type	**0.07**	**90**	**0.03**		**0.44**	**791**	**0.15**	

Un test ANOVA effectué sur les valeurs de pente pour ces trois groupes des voyelles (longues, brèves et toutes) pour chaque catégorie de consonnes /p/, /t/ et /k/ ne fait ressortir aucune signification pour les groupes de traitement des voyelles : [F(2, 23) = 2.89, avec p-valeur = 0.0779] pour la pente de la labiale /p/, [F(2, 23) = 4.25, avec p-valeur = 0.0282] pour la pente de la dentale /t/ et [F(2, 23) = 1.07, avec p-valeur = 0.3607] pour la pente de la vélaire /k/.

Un autre test ANOVA effectué sur les valeurs de l'ordonnée à l'origine pour les groupes de voyelles (longues, brèves et toutes) et pour chaque catégorie des consonnes /p/, /t/ et /k/ ne décèle également à aucun résultat significatif : [F(2, 23) = 2.53, avec p-valeur = 0.1033] pour la labiale /p/, [F(2, 23) = 3.63, p-valeur = 0.0442] pour la dentale /t/, and [F(2, 23) = 0.5, p-valeur = 0.6124] pour la vélaire /k/.

Ces résultats montrent que les équations du locus des trois occlusives finales ne changent pas en fonction de la durée des voyelles précédentes. Donc les effets supposés de forte coarticulation avec les voyelles brèves ne sont pas significatifs.

Tableau 4-13 : Pente (a), ordonnée à l'origine (b), R^2 et SE de la consonne labiale /t/ dans le contexte des voyelles longues et des voyelles brèves

Locuteur	9 voyelles longues /a, ɤ, u, o, ɯ ɔ, ɛ, i, e/				3 voyelles brèves /ă, ɤ̆, ɔ̆/			
	a	b (Hz)	R^2	SE (Hz)	a	b (Hz)	R^2	SE (Hz)
M1	0.58	719	0.88	35	-0.33	1968	0.08	397
M2	0.62	673	0.85	45	0.13	1408	0.13	515
M3	0.59	671	0.77	51	0.31	947	0.06	391
M4	0.58	697	0.88	34	-0.02	1596	0	236
F1	0.67	442	0.83	55	-1	3258	0.18	801
F2	0.66	743	0.81	62	0.02	1902	0	266
F3	0.62	752	0.91	35	1.23	-405	0.12	1233
F4	0.64	685	0.89	41	0.7	593	0.47	284
Moyen	**0.62**	**673**	**0.85**	**45**	**0.13**	**1408**	**0.13**	**515**
Ecart-type	**0.03**	**92**	**0.04**		**0.62**	**1011**	**0.14**	

Tableau 4-14 : Pente (a), ordonnée à l'origine (b), R^2 et SE de la consonne labiale /k/ dans le contexte des voyelles longues et des voyelles brèves

Locuteur	9 voyelles longues /a, ɤ, u, o, ɯ ɔ, ɛ, i, e/				3 voyelles brèves /ă, ˅ɤ, ˅ɔ/			
	a	b (Hz)	R^2	SE (Hz)	a	b (Hz)	R^2	SE (Hz)
M1	1.28	-419	0.88	73	1.25	-487	0.55	268
M2	1.05	-166	0.8	85	0.92	-7	0.46	247
M3	0.95	-24	0.65	105	0.86	53	0.26	320
M4	0.9	27	0.72	87	0.95	-23	0.69	154
F1	0.93	-69	0.73	103	0.79	83	0.36	299
F2	1.16	-322	0.94	57	0.46	702	0.33	198
F3	1.11	-189	0.87	72	0.6	434	0.24	271
F4	1.05	-165	0.78	98	1.5	-814	0.77	217
Moyen	**1.05**	**-166**	**0.80**	**85**	**0.92**	**-7**	**0.46**	**247**
Ecart-type	**0.12**	**140**	**0.09**		**0.31**	**446**	**0.18**	

4.2.5.4 L'effet du ton sur l'équation du locus

Afin d'étendre l'étude des équations du locus sous l'effet du ton, nous calculons la pente, l'ordonnée à l'origine, le coefficient de corrélation R^2 et l'erreur type d'estimation SE des occlusives finales /p, t, k/ dans le contexte du ton grave (voir tableau 4-15 ci-dessous). Dans ce cas, chacune des équations du locus a été calculée pour chaque consonne avec cinq répétitions de chacune des voyelles (/a/, /i/, /u/), donc créant trente valeurs (5 répétition x 2 contexte VC2 / C1VC2 x 3 voyelles).

En regardant le tableau 4-15, nous pouvons constater que dans le contexte du ton grave, les locuteurs et les locutrices présentent encore la pente de la vélaire /k/ la plus raide avec une moyenne (et e.t.) de 1.18 (0.08) ; la valeur de l'ordonnée à l'origine de la dentale /t/ est plus grande (le moyenne = 673 Hz / l'écart type = 279 Hz) que celle de la labiale /p/. Toutefois, dans le cas des labiales et dentales, les résultats présentent un effet faible du ton grave sur l'équation du locus : pour le locuteur M4 et la locutrice F2, la labiale /p/ présente une pente beaucoup plus raide que celle de la dentale /t/, mais pour le locuteur M3 et la locutrice F4, c'est le contraire. Les pentes des dentale et labiale du locuteur M1 sont très proches.

Tableau 4-15 : Pente (a), ordonnée à l'origine (b), R^2 et SE dans le corpus du ton grave pour cinq locuteurs vietnamiens

Locuteur	a			b (Hz)			R^2			SE (Hz)		
	/p/	/t/	/k/	/p/	/t/	/k/	/p/	/t/	/k/	/p/	/t/	/k/
M1	0.64	0.65	1.26	377	621	-383	0.94	0.97	0.97	45	36	56
M3	0.67	0.76	1.19	280	406	-280	0.93	0.95	0.96	55	52	64
M4	0.72	0.59	1.28	221	680	-480	0.84	0.92	0.97	92	52	65
F2	0.9	0.35	1.11	4	1194	-247	0.94	0.8	0.95	79	62	88
F4	0.59	0.71	1.08	375	462	-210	0.97	0.96	0.98	34	52	57
Moyen	**0.70**	**0.61**	**1.18**	**251**	**673**	**-320**	**0.92**	**0.92**	**0.97**	**61**	**51**	**66**
Ecart-type	**0.11**	**0.14**	**0.08**	**137**	**279**	**99**	**0.04**	**0.06**	**0.01**			

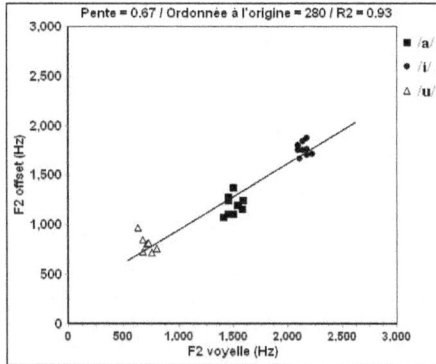

Figure 4-12 : Equation du locus du locuteur M3 pour l'occlusive finale /p/ dans le contexte du ton grave

La figure 4-12 représente l'équation pour l'occlusive finale /p/ du locuteur M3 dans le contexte du ton grave. Le groupe des deux voyelles postérieures, /a/ et /u/ et celui de la voyelle antérieure /i/ se situent sur de la même droite de régression. Les résultats peuvent être comparés avec le cas du ton montant (cf. figure 4-7, même locuteur M3).

La figure 4-13 représente les équations du locus des cinq locuteurs pour chaque catégorie de consonnes. Les observations se trouvent le long de la droite de régression. La valeur de SE est de 61 Hz pour la labiale, 51 Hz pour la dentale et 66 Hz pour la vélaire. Elles sont comparables aux valeurs de SE trouvées dans le contexte du ton montant (48 Hz / 45 Hz / 73 Hz). Les observations des trois voyelles /a, i, u/ dans le contexte des trois consonnes finales occlusives (labiale, dentale et vélaire) sont très proches de la droite de régression.

La figure 4-14 représente l'espace de l'équation du locus (défini par la pente et l'ordonnée à l'origine) des trois consonnes finales occlusives /p, t, k/ dans le contexte du ton grave pour les cinq locuteurs vietnamiens. Il est intéressant de noter que dans le contexte du ton grave, les trois lieux des consonnes occlusives sont encore séparés : la dentale présente encore une ordonnée à l'origine plus élevée que l'autre (la vélaire et la labial) et la vélaire /k/ tient la pente la plus raide.

Les même analyses sont réalisées sur les trois groupes des consonnes finales occlusives /p, t, k/ dans le contexte du ton grave. Encore une fois, le test MANOVA sur la pente et sur l'ordonnée à l'origine montre un effet significatif [$F(2, 24) = 27.93$, avec p-valeur < 0.0001]. Un effet pour les lieux des consonnes occlusives est trouvé dans les analyses uni-variées de la pente [$F(2, 12) = 27.96$, avec p-valeur < 0.0001] et de l'ordonnée à l'origine [$F(2, 12) = 27.74$, avec p-valeur < 0.0001].

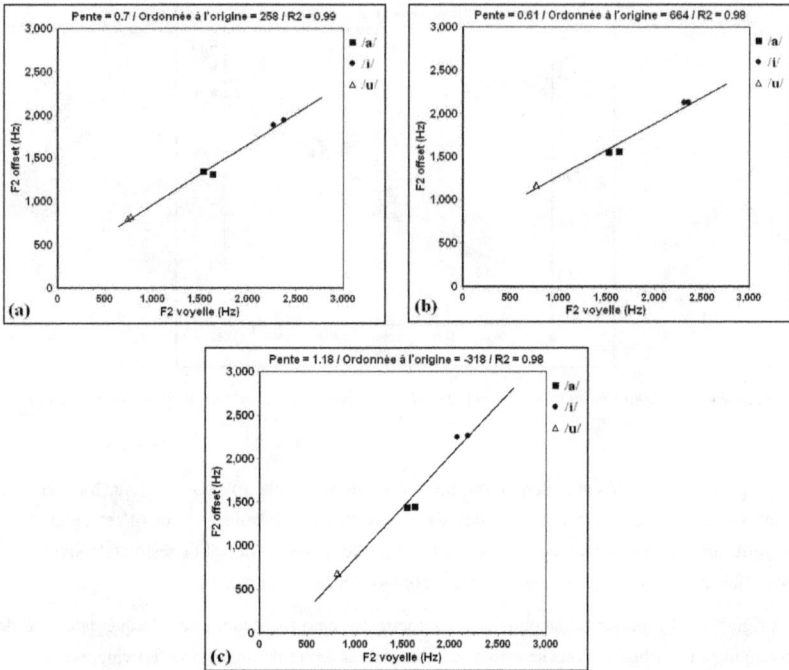

Figure 4-13 : Equation du locus moyenne obtenue à partir de cinq locuteurs vietnamiens pour les trois occlusives finales dans le contexte du ton grave : /p/ dans (a), /t/ dans (b) et /k/ dans (c) pour cinq locuteurs

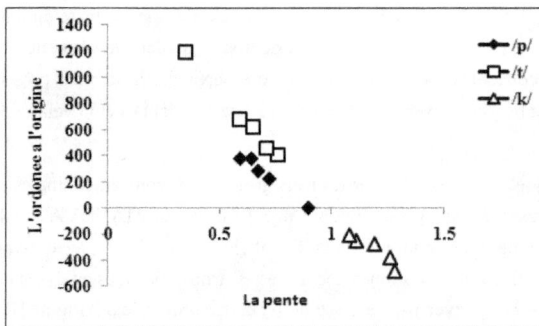

Figure 4-14 : Espace de l'équation du locus des trois occlusives finales /p, t, k/ dans le contexte du ton grave pour chacun des cinq locuteurs vietnamiens (un symbole par locuteur ou locutrice)

D'autre part, en comparant les équations du locus des trois occlusives finales /p, t, k/ dans le contexte du ton montant (cf. figure 4-9), on observe un petit déplacement du lieu d'articulation des labiale et dentale : la dentale /t/ augmente la pente et diminue l'ordonnée à l'origine, la labiale /p/ présente un effet contraire. Il semble que ces déplacements rendent ces deux catégories de consonnes (la labiale et la dentale) plus proches dans le contexte du ton grave.

Afin d'expliquer ce phénomène, une hypothèse est proposée : les lieux d'articulation des trois consonnes finales /p/, /t/ et /k/ sont, respectivement labiale, dentale, et vélaire [Doan, 1999 ; Nguyen, 2007] dans lesquels, la vélaire est produite dans le lieu du conduit vocal plus proche du larynx que les autres. Alors, le phénomène de pharyngalisation du ton grave [Han and Kim, 1974 ; Doan, 1999] qui existe dans le larynx, c'est-à-dire très proche du lieu de la vélaire, influencerait beaucoup moins l'articulation de la consonne vélaire /k/, parce que celle-ci est assez forte. Par contre, ce phénomène se présenterait plus visiblement dans l'articulation de la labiale et la dentale. Afin de vérifier cette hypothèse, nous avons besoin de faire des études de simulation avec un modèle articulatoire.

Le tableau 4-16 ci-dessous compare la pente et l'ordonnée à l'origine des consonnes labiale et dentale dans les deux contextes du ton différent (ton montant et ton grave). Dans le contexte du ton montant, la pente moyenne de la consonne labiale est 0.75, plus raide que celle du ton grave (0.7). Pour la dentale, bien que la pente moyenne ne change pas (0.61), la plupart des locuteurs (sauf la locutrice F2) ont une pente plus grande dans le contexte du ton grave. Sans la locutrice F2, la pente moyenne de la dentale dans le contexte du ton grave est de 0.68. En général, la valeur de l'ordonnée à l'origine de la labiale dans le contexte du ton grave est plus grande que celle du ton montant, mais la locutrice F2 est une exception. Cependant, les résultats des tests multi-variés (MANOVA) sur la pente et l'ordonnée à l'origine de chaque consonne nous montrent que les caractéristiques d'équation du locus de ces occlusives ne changent pas significativement entre les deux contextes de tons différents ([$F(1, 16) = 0.27$, avec p-valeur = 0.61] pour la labiale, [$F(1, 16) = 1.32$, p-valeur = 0.27] pour la dentale et [$F(1, 16) = 0.05$, p-valeur = 0.82] pour la vélaire).

Le phénomène de pharyngalisation qui existe dans le contexte du ton grave et même du ton brisé n'influence donc pas significativement les trois lieux d'articulation des consonnes finales (labiale, dentale et vélaire) dans la langue vietnamienne.

Les équations du locus dans le contexte du ton grave sont calculées de la même manière pour les deux classes de voyelles (voyelles antérieures et voyelles postérieures) (voir tableau 4-17 ci-dessous). Les résultats montrent que dans le contexte du ton grave, les effets de coarticulation pour la consonne vélaire /k/ sont prononcés plus fortement dans le contexte des voyelles postérieures (la pente est plus raide) que dans le contexte des voyelles antérieures.

La figure 4-15 illustre l'espace de l'équation du locus pour le lieu d'articulation de la labiale, la dentale, la vélaire avec les voyelles antérieures et la vélaire avec les voyelles postérieures dans le contexte du ton grave. Il est intéressante de noter que :

- la vélaire /k/ avec les voyelles postérieures occupe toujours une position en bas à gauche avec une pente élevée et une ordonnée à l'origine inférieure ;

- la vélaire /k/ avec les voyelles antérieures n'est pas bien groupée : trois observations sont présentées en position haut à gauche avec une ordonnée à l'origine la plus élevée et deux observations occupent le milieu de l'espace.

Tableau 4-16 : Pente (a) et ordonnée à l'origine (b) des occlusives : labiales et dentales dans deux contextes du ton différent : ton montant et ton grave

Locuteur	Contexte du ton grave				Contexte du ton montant			
	a		b (Hz)		a		b (Hz)	
	/p/	/t/	/p/	/t/	/p/	/t/	/p/	/t/
M1	0.64	0.65	377	621	0.8	0.57	62	714
M3	0.67	0.76	280	406	0.64	0.59	258	654
M3	0.72	0.59	221	680	0.76	0.58	135	707
F2	0.9	0.35	4	1194	0.85	0.65	241	760
F4	0.59	0.71	375	462	0.69	0.64	343	687
Moyen	**0.70**	**0.61**	**251**	**673**	**0.75**	**0.61**	**208**	**704**
Ecart-type	**0.11**	**0.14**	**137**	**279**	**0.08**	**0.03**	**99**	**35**

Tableau 4-17 : Pente (a), ordonnée à l'origine (b), R^2 et SE pour la consonne finale vélaire /k/ avec les voyelles antérieures et les voyelles postérieures dans le contexte du ton grave

Locuteur	2 voyelles postérieures /a, u/				1 voyelle antérieure /i/			
	a	b (Hz)	R^2	SE (Hz)	a	b (Hz)	R^2	SE (Hz)
M1	1.03	-161	0.97	55	0.82	531	0.44	635
M3	1.01	-103	0.96	54	-0.18	2392	0.03	649
M4	1.19	-379	0.96	68	0.76	549	0.41	607
F2	0.84	65	0.95	62	-0.07	2759	0.01	886
F4	0.9	-23	0.99	32	0.3	1804	0.23	487
Moyen	**0.99**	**-120**	**0.97**	**54**	**0.33**	**1607**	**0.22**	**653**
Ecart-type	**0.12**	**150**	**0.01**		**0.41**	**923**	**0.18**	

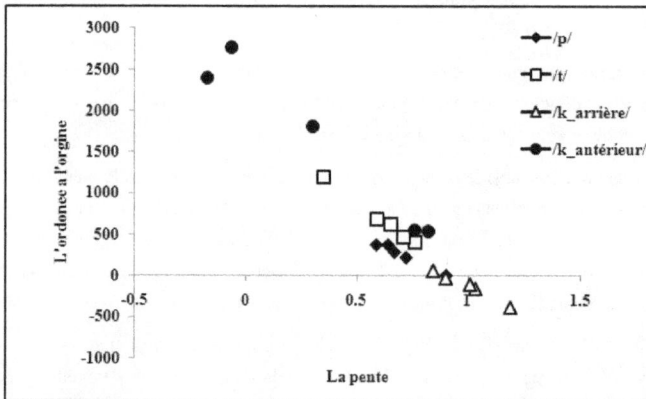

Figure 4-15 : Espace d'équation du locus des occlusives finales dans le contexte du ton grave pour les cinq locuteurs : /p/, /t/, /k/ avec les voyelles antérieures et /k/ avec les voyelles postérieures

Tableau 4-18 : Résultats des tests Bonferroni sur les différences entre les consonnes finales occlusives dans le contexte du ton grave en fonction de la valeur moyenne de la pente et de la valeur moyenne de l'ordonnée à l'origine. * = le test-T est significatif au seuil de 0.05 ; ** = le test-T est significatif au seuil de 0.01 ; ns = non significatif

	Pente				Ordonnée à l'origine (Hz)			
	/p/	/t/	/k_arrière/	/k_antérieure/	/p/	/t/	/k_arrière/	/k_antérieure/
Moyen	0.70	0.61	0.99	0.33	251	673	-120	1607
/p/		ns	**	ns		*	**	*
/t/			**	ns			**	ns
/k_arrière/				*				**

Une analyse multi-variée de la variance (MANOVA) sur la pente et l'ordonnée à l'origine mesurées pour chaque consonne occlusive (labiale /p/, dentale /t/, vélaire /k/ avec les voyelles postérieures et vélaire /k/ avec les voyelles antérieures) est menée. Le test MANOVA montre un effet significatif pour les consonnes occlusives ([$F(3, 32) = 9.11$, p-valeur < 0.0001]). Une analyse uni-variée de la pente et de l'ordonnée à l'origine présente un effet significatif avec [$F(3, 16) = 5.63$, avec p-valeur < 0.001] et [$F(3, 16) = 9.11$, avec p-valeur < 0.0001], respectivement.

Les tests-T avec le seuil alpha ajusté à 0.05 (test Bonferroni) sont utilisés pour analyser les différences entre les occlusives en fonction de la pente et de l'ordonnée à l'origine. Les résultats de ces comparaisons sont présentés dans le tableau 4-18 ci-dessus. On peut remarquer que :

- toutes les comparaisons de l'ordonnée à l'origine sont significatives, sauf entre la dentale /t/ et la vélaire /k/ avec les voyelles antérieures ;
- toutes les comparaisons de la pente ne sont pas significatives, sauf entre la vélaire /k/ avec les voyelles postérieures et la labiale /p/, la dentale /t/ et la vélaire /k/ avec les voyelles antérieures.

4.2.5.5 Discussion sur l'équation du locus des consonnes finales

Nous avons obtenu vingt-quatre équations du locus pour chaque consonne finale occlusive sourde /p, t, k/ dans le contexte du ton montant. Les vingt-quatre équations du locus sont générées à partir de 2720 observations enregistrées par huit locuteurs vietnamiens (quatre femmes et quatre hommes) dans deux contextes de syllabe (VC2 et C1VC2). La valeur du coefficient de corrélation (R^2) calculée pour toutes les droites de régression dans le contexte du ton montant est 0.82. Elle est comparable à celle des trois occlusives initiales /b, d, g/ trouvée par [Sussman et al., 1993] pour trois langues et neuf locuteurs (0.86) et celle des deux occlusives initiales /b, d/ et de la fricative initiale /ɣ/ trouvée par [Castelli and Hierholtz, 2006] pour huit locuteurs vietnamiens (0.82).

Dans le contexte du ton montant, les lieux d'articulation des occlusives finales (labiale /p/, dentale /t/, vélaire /k/ avec les voyelles antérieures et vélaire /k/ avec les voyelles postérieures) peuvent être distingués dans l'espace de l'équation du locus. Ces résultats sont en accord avec les résultats précédents trouvés pour les occlusives initiales dans plusieurs des langues du monde.

Dans le tableau 4-19 ci-dessous, nos résultats sont comparés avec les résultats obtenus pour les occlusives initiales occupant les mêmes lieux d'articulations : /b, d, g/ dans l'anglais américain avec dix locuteurs [Sussman et al., 1991], dans le Suédois trouvé par Krull avec cinq locuteurs [Krull, 1989] et trouvé par Lindblom avec un locuteur [Lindblom, 1963a], /b, d/ dans le thaï, /b, d, g/ dans l'arabe carienne et l'urdu trouvé par Sussman avec six, trois et cinq locuteurs, respectivement [Sussman et al., 1993] et /b, d, ɣ/ en langue vietnamienne trouvé par Castelli avec huit locuteurs [Castelli and Hierholtz, 2006]. Pour les paires qui partagent un même lieu d'articulation en langue vietnamienne, il est intéressant de noter qu'il y une grande différence dans la paire /k - ɣ/ par rapport à la paire /b - p/ ou à la paire /d - t/. Ce résultat peut s'expliquer par la difficulté de mesurer le deuxième formant de la transition de la fricative /ɣ/ [Castelli and Hierholtz, 2006] et la faible capacité d'équation du locus à différencier les consonnes fricatives [Sussman, 1994].

De plus, si l'on considère que la pente d'équation du locus permet de mesurer le degré de coarticulation entre une consonne avec une voyelle, nos résultats obtenus pour VC sont pleinement en accord avec les résultats obtenus pour CV. En effet, en jouant le rôle de consonne finale, la vélaire /k/ présente une coarticulation maximale (1.06) avec les voyelles précédentes par rapport à la labiale et la dentale, respectivement. La pente moyenne de /t/ (0.61) indique un effet de coarticulation relativement faible dans les contextes VC. De plus, bien que les pentes de la vélaire articulée avec les voyelles antérieures varient considérablement, de -0.09 a 1.35 avec le moyen (et e.t.) de 0.33 (0.46) illustrant une variation forte du degré de coarticulation entre les locuteurs, les pentes de la vélaire articulée avec les voyelles postérieures sont généralement plus raides que celles avec les voyelles antérieures, c'est-à-dire que le degré de coarticulation est plus élevé (sauf le cas de la locutrice F2, cf. tableau 4-10).

Tableau 4-19 : Pente et ordonnée à l'origine des consonnes occlusives pour les langues différentes. Les six premières lignes concernent les occlusives initiales, la dernière ligne (nos résultats) pour les occlusives finales

Consonne - Voyelle	Pente			Ordonnée à l'origine (Hz)		
	labiale	dentale	vélaire	labiale	dentale	vélaire
Anglais américain /b, d, g/	0.87	0.43	0.66	106	1073	807
Suédois /b, d, g/	0.63	0.32	0.95	487	1096	360
Thaï /b, d/	0.70	0.30		228	1425	
Arabe Carienne /b, d, g/	0.77	0.25	0.92	206	1307	229
Urdu /b, d, g/	0.81	0.50	0.97	172	857	212
Vietnamien /b, d, ɣ/	0.56	0.33	0.71	390	1325	481
Voyelle - Consonne	Pente			Ordonnée à l'origine (Hz)		
	labiale	dentale	vélaire	labiale	dentale	vélaire
Vietnamien /p, t, k/	0.76	0.61	1.06	184	677	-182

Les comparaisons entre nos résultats et les résultats obtenus pour les occlusive initiales /b, d, g/ dans plusieurs des langues du monde et avec les consonnes initiales /b, d, ɣ/ du vietnamien montrent bien que les productions VC et CV sont symétriques.

Nous avons également examiné l'effet de coarticulation consonantique des deux groupes de voyelles vietnamiennes (voyelles longues et voyelles brèves) pour les trois occlusives finales /p, t, k/. Contrairement aux résultats obtenus dans plusieurs langues pour les occlusives initiales et finales dans deux contextes allophoniques (voyelles antérieures et voyelles postérieures), les équations du locus ne changent pas en fonction de durée de la voyelle. Il en conclue que la coarticulation des voyelles brèves avec les occlusives finales dans les syllabes (C1)VC2 n'est pas significative.

De plus, en étudiant les effets des tons sur l'équation du locus, quinze équations du locus des trois occlusives /p, t, k/ dans le contexte du ton grave sont obtenues. La valeur moyenne de R^2 de toutes les équations du locus pour les locuteurs est 0.94. Ce résultat confirme encore une fois fortement l'existence de l'équation du locus pour les occlusives finales. Dans le contexte du ton grave, les lieux d'articulation peuvent être distingués dans les deux contextes des voyelles antérieures et postérieures : la dentale /t/ présente toujours une ordonnée à l'origine la plus élevé et la vélaire /k/ présente encore une pente la plus raide. Dans l'espace d'équation du locus, bien qu'il y ait un petit effet du ton sur la labiale et la dentale, cet effet n'est pas significatif statistiquement.

4.3   Conclusion du chapitre

Dans ce chapitre, nous avons présenté nos études sur les caractéristiques acoustiques statiques et dynamiques des trois consonnes finales occlusives /p, t, k/ en vietnamien. Ce chapitre a été également consacré à la présentation des études sur les équations du locus pour ces trois occlusives en position finale (c'est-à-dire la transition VC).

Nous avons tout d'abord enregistré un corpus de ces trois consonnes combinées avec douze voyelles. Les mesures des caractéristiques acoustiques statiques (durée de la voyelle, durée de la transition) et dynamiques (valeur au début de la transition formantiques, pente de la transition formantique) ont été effectuées sur toutes les combinaisons possibles entre ces trois occlusives finales et les douze voyelles.

Pour les caractéristiques acoustiques statiques, nos résultats ont montré que dans un même contexte vocalique :

- l'effet des occlusives /p, t, k/ sur la durée de voyelle précédente n'est pas significatif ; la durée de voyelle précédente ne donne pas d'information qui permet de distinguer ces trois consonnes finales ;
- la durée de la transition formantique VC ne varie pas beaucoup et elle ne donne pas plus d'indices pour différencier les consonnes /p, t, k/.

Pour les caractéristiques acoustiques dynamiques, dans un même contexte vocalique, les résultats obtenus dans le chapitre 3 ont montré que la durée de la transition VC ne varie pas en fonction des consonnes finales (cf. paragraphe 3.2.2.3), et les valeurs au début de la transition VC sont plus ou moins proches (cf. paragraphe 3.2.3). Cela nous a permis de poser l'hypothèse de l'importance de la pente de transition formantique.

Au niveau statistique, les résultats d'analyses ont confirmé que dans un même contexte vocalique :

-   les trois occlusives finales /p, t, k/ sont toujours discriminées par au moins l'une des trois pentes de F1 ou F2 ou F3 ;
-   la pente de transition formantique de F2 est un paramètre particulièrement significatif qui rend toujours la discrimination de ces trois consonnes finales.

Au niveau de la perception, les résultats des tests de perception ont montré qu'en variant la pente des transitions formantiques des F2 et F3 :

-   la plupart des auditeurs peuvent reconnaitre la consonne finale C dans la séquence synthétisée VC comme l'une des trois occlusives /p, t, k/ ;
-   sur le plan des formants F2 / F3, trois régions correspondantes aux trois occlusives finales /p, t, k/ sont bien distinctes ; les meilleurs taux moyen de reconnaissance correcte des consonnes finales /p/, /t/ et /k/ sont respectivement de 88 %, 92 % et 80 % ;
-   dans le contexte d'une syllabe VC (V étant la voyelle longue /a/), la consonne finale C est reconnue avec le meilleur taux comme la consonne :
    o   /p/ : si F2fin = 1100 Hz et F3fin = 1500 Hz ;
    o   /t/ : si F2fin = 1700 Hz et F3fin est élevé (3000 Hz) ;
    o   /k/ : si les deux valeurs du F2fin et du F3fin sont proches (2000 Hz et 2100 Hz, respectivement).

Alors, nous confirmons l'affirmation de Dorman pour qui le poids perceptif de relâchement est faible, alors que le poids de la transition est très important [Dorman et al., 1977] : pour les trois occlusives finales vietnamiennes /p, t, k/ réalisées sans relâchement à la fin de l'occlusion, la pente des transitions formantiques des F2 et F3 constitue le seul trait discriminant.

Dans la deuxième partie, nous nous sommes intéressés aux équations du locus pour ces occlusives finales. Nous avons tout d'abord étendu la métrique de l'équation du locus de Lindblom [Lindblom, 1963a] à trois occlusives vietnamiennes /p, t, k/ en position finale combinées avec les douze voyelles vietnamiennes. Les vingt-quatre équations du locus générées à partir de 2720 observations produites par huit locuteurs vietnamiens (quatre hommes et quatre femmes) dans le contexte des syllabes (C1)VC2 ont permis d'affirmer que :

-   l'équation du locus de la forme F2offset = a*F2v + b existe pour les consonnes finales occlusives (c'est-à-dire la transition VC) ;
-   les lieux d'articulation de ces occlusives (labiale /p/, dentale /t/, vélaire /k/ avec les

voyelles antérieures et vélaire /k/ avec les voyelles postérieures) peuvent être distingués dans l'espace de l'équation du locus ;

- si l'on considère que la pente d'équation du locus permet de mesurer le degré de coarticulation entre une consonne avec une voyelle, nos résultats obtenus pour la transition VC seront pleinement en accord avec les résultats précédents pour CV, c'est-à-dire que :
  - o la vélaire /k/ présente une coarticulation maximale ;
  - o la dentale /t/ indique un effet de coarticulation relativement faible.

Ensuite, nous avons étudié l'effet de coarticulation consonantique des deux groupes de voyelles (voyelles longues et voyelles brèves) pour ces occlusives /p, t, k/. Les résultats d'analyses et les tests statistiques ont montré que les propriétés des équations du locus ne changent pas en fonction de la durée de la voyelle.

Enfin, en étudiant les effets des tons sur l'équation du locus en vietnamien, nous avons construit un corpus avec ton grave des trois consonnes /p, t, k/ combinées en position finale avec trois voyelles que nous pouvons comparer avec le corpus avec ton montant de la première partie. Quinze équations du locus générées à partir de 450 observations produites par cinq locuteurs vietnamiens (trois hommes et deux femmes) ont permis d'affirmer que :

- les propriétés des équations du locus ne sont pas changées sous l'effet du ton (ton montant et ton grave) :
  - o la dentale /t/ présente toujours une ordonnée à l'origine la plus élevée ;
  - o la vélaire /k/ présente toujours la pente la plus raide.
- dans l'espace de l'équation du locus, l'effet du ton grave sur les lieux d'articulation par rapport au ton montant n'est pas vraiment significatif statistiquement.

Finalement, les résultats de nos études sur les équations du locus pour les occlusives finales /p, t, k/, comparés avec les résultats obtenus pour les occlusives initiales /b, d, g/ dans plusieurs des langues du monde, et avec les consonnes initiales /b, d, ɣ/ du vietnamien montrent bien que les productions VC et CV sont symétriques.

5 CONCLUSIONS ET PERSPECTIVES

5.1 Conclusions

Nos premières tentatives de synthèse du vietnamien à l'aide d'un modèle anthropologique du conduit vocal nous ont vite conduits à nous intéresser aux caractéristiques phonétiques de la langue vietnamienne. Nous avons alors constaté que les études de type acoustico-phonétique sur la langue vietnamienne étaient incomplètes.

Nous avons alors voulu approfondir certains aspects en classant les caractéristiques selon deux approches complémentaires : l'approche statique et l'approche dynamique.

Apres avoir rappelé les principales caractéristiques phonologiques et phonétiques de la langue vietnamienne rapportées par des linguistes vietnamiens, nous avons effectué quelques comparaisons avec des langues proches comme le japonais et l'arabe (langue avec des voyelles longues et brèves). Nous avons plus particulièrement étudié :

- les caractéristiques acoustiques statiques et dynamiques des oppositions contrastives des voyelles longues et brèves ainsi que le fait d'avoir toujours besoin d'une partie finale pour articuler les voyelles brèves ;
- les caractéristiques statiques et dynamiques des trois consonnes finales occlusives /p, t, k/ qui se terminent par un silence sans relâchement et sont reconnues par les modifications spectrales de la fin du son noyau.

Le chapitre 3 du mémoire a été consacré à la présentation des recherches des caractéristiques acoustiques statiques et dynamiques pour les quatre séries des voyelles longues et brèves /a, ă/, /ɔ, ɔ̆/, /ɤ, ɤ̆/ et /ɛ, ɛ̆/ en vietnamien. Nous avons analysé les caractéristiques acoustiques statiques (trois premiers formants de la voyelle, durée de la voyelle, durée de la transition formantique) et les caractéristiques dynamiques (valeurs au début et pente des transitions formantiques). Avec les résultats de mesure, nous avons réalisé les tests de perception pour évaluer et estimer le rôle de la durée relative des voyelles dans le contexte voyelle-consonne (VC), le rôle de durée de la transition voyelle - semi-voyelle (VS) et le rôle des rapports de durée entre voyelle V et semi-voyelle S dans la distinction voyelles longues et brèves.

Afin d'expliquer l'articulation des voyelles brèves avec le son final (le son essentiel dans l'articulation des voyelles brèves), nous avons continué à analyser et fait des tests statistiques sur les caractéristiques acoustiques dynamiques (variation de pente des trois premiers formants) des trois séries des voyelles longues et brèves dans deux contextes des syllabes (C1)VC2 et (C1)VS. Les résultats des analyses, et des tests (statistiques et perceptifs) sur les caractéristiques acoustiques statiques et dynamiques ont montré que la langue vietnamienne présente trois séries de voyelles longues et brèves /a, ă/, /ɔ, ɔ̆/, /ɤ, ɤ̆/ (la voyelle brève /ɛ/ se comporte plutôt comme une diphtongue). La différence entre les voyelles longues et brèves vient de deux sources : leur durée (la source principale) et les transitions formantiques VC et VS. Ces dernières expliquent l'association pertinente des voyelles brèves avec un son final (consonne C ou semi-voyelle S).

Le chapitre 4 a présenté les résultats de nos études des caractéristiques acoustiques statiques et dynamiques pour les trois consonnes finales occlusive /p, t, k/ qui se terminent par un silence sans relâchement. L'approche dynamique (avec spécifications dynamique des transitions) a été considérée la plus adaptée pour étudier ces trois occlusives finales. Les mesures et les analyses approfondies sur les caractéristiques acoustiques statiques (durée de la voyelle courante et durée de la transition VC) et dynamique (pente des transitions formantiques) ont été effectués. Les pentes des transitions formantiques, soumis à des tests statistiques et des tests de perception sont des paramètres pertinents pour distinguer les trois occlusives finales /p, t, k/ du vietnamien.

En outre, ce chapitre a également présenté nos recherches sur les équations du locus des trois occlusives /p, t, k/ en position finale (c'est-à-dire la transition VC). Nos résultats ont été comparés avec ceux trouvés pour les occlusives initiales /b, d, g/ dans d'autres langues ou pour les occlusives initiales /b, d/ et la fricative initiale /ɣ/ en vietnamien. Nous montrons que l'hypothèse de symétrie dans les productions CV et VC est validée.

Ensuite, nous avons également examiné l'effet de coarticulation consonantique sur l'équation du locus avec les deux groupes de voyelles (longues et brèves). Aucun effet spécifique n'a été observé, ce qui indique que les effets formantiques dynamiques observés lors de la production des voyelles brèves n'influencent pas le degré de coarticulation VC.

Enfin, en étudiant les effets des tons (ton montant et ton grave) sur l'équation du locus, nous n'avons pas constaté de différence significative, ce qui montre que les effets de déplacement du larynx avec la fréquence fondamentale ne se répercutent pas sur les paramètres de l'équation du locus.

5.2 Perspectives

La première perspective consisterait à rechercher les éléments qui influencent la durée de la voyelle, par exemple : la vitesse de la parole, la position de la syllabe dans la phrase et les tons. Il est intéressant de rappeler que Gay a établi que la réduction de durée en parole rapide se répercute d'abord par une diminution de la durée de la voyelle alors que la durée de la transition reste relativement stable entre les voyelles différentes [Gay, 1978]. La durée de la syllabe (et la durée de la voyelle dans cette syllabe) varie également en fonction de sa position dans la phrase. Par exemple, [Do, 1989] et [Nguyen, 2004a], en étudiant la durée de la syllabe accentuée et celle de la dernière syllabe de la phrase, ont signalé une durée plus courte dans les syllabes inaccentuées. D'après [Nguyen, 2004a], dans les énoncés en vietnamien, l'allongement final est un phénomène relativement stable : la dernière syllabe est toujours la plus proéminente du point de vue de la durée. [Brunelle, 2003] a aussi mesuré la durée de la syllabe « ma » et son gabarit de variation avec les différents tons dans des phrases différentes. Ses résultats indiquent qu'il existe une grande variation de gabarit de la durée entre différents tons. Les résultats de [Tran, 2007] montre également que la durée moyenne des syllabes en position finale dans les phrases est beaucoup plus longue que celles des syllabes des deux autres positions (au début et au milieu des phrases). Nous nous proposons d'étudier d'une manière complète et cohérente tous ces effets sur la durée de la voyelle dans les syllabes vietnamiennes. Nous souhaitons en particulier tester le contraste entre les voyelles longues et brèves pour la parole rapide ou très rapide.

Nos études des trois consonnes finales occlusives /p, t, k/, en analyse et en perception montrent que la pente des transitions formantiques des F2 et F3 joue en rôle important dans la discrimination des trois consonnes finales /p, t, k/ en vietnamien. Nos résultats ont également indiqué quelles combinaisons entre la pente de transition formantique de F2 et celle de F3 permettent la perception des occlusives finales /p/, ou /t/, ou /k/ avec le meilleur taux de reconnaissance correcte. Pour la poursuite de ce travail, nous voulons effectuer des tests de perception de syllabes VC dans laquelle V est non seulement la voyelle /a/, mais encore les onze autres voyelles vietnamiennes. Alors, nous pourrons savoir, pour chaque contexte vocalique, quelles combinaisons de pentes de transitions formantiques de F1, F2 et F3 donneront les meilleurs taux de reconnaissance correcte pour chaque consonne finale occlusive /p/, /t/ et /k/.

Par ailleurs, à la suite de nos nombreuses études sur l'équation du locus pour les occlusives /p, t, k/ en position finale (c'est-à-dire la transition VC), avec des coefficients fonctions du degré de coarticulation pour chacun des lieux d'articulation, afin de préciser des interprétations, nous souhaitons effectuer des expériences de simulation pour valider la corrélation entre les équations du locus et le degré de coarticulation comme dans le travail de [Chennoukh et al., 1997].

Enfin, nous avons pour objectif d'effectuer des synthèses à l'aide d'un modèle anthropomorphique du conduit vocal SMART (Synthesis with a Model of Anthropomorphic Regions and Tracts) (cf. Annexe 3) commandé par le modèle DRM (Distinctive Regions

Model) (cf. Annexe 2). Nous souhaitons exploiter les résultats de nos travaux phonétiques pour les voyelles longues et brèves et pour les consonnes finales occlusives en vietnamien à l'aide d'un système de synthèse SMART-DRM.

Ce travail peut nous aider à mieux comprendre et mieux expliquer la phonologie et la phonétique de la langue vietnamienne, mais encore à valider la connexion et la commande du système de synthèse SMART-DRM. Particulièrement, grâce à l'aide du système SMART-DRM, des variations différentes de degré de coarticulation VC nous permettront également d'estimer la relation entre la pente d'équation du locus et le degré de coarticulation CV. De plus, le système de synthèse SMART-DRM nous permettra de valider l'hypothèse de l'influence du phénomène de pharyngalisation des deux tons vietnamiens (ton grave et ton brisé) sur l'articulation des consonnes.

Les perspectives à plus long terme consisteraient à étudier si les résultats de nos recherches pourraient être appliqués dans un système de reconnaissance automatique de la parole (RAP) ou dans un système de la synthèse de la parole pour la langue vietnamienne. La meilleure connaissance de l'identité et de la différence entre les voyelles longues et brèves, et entre les trois consonnes finales occlusives /p, t, k/ pourrait améliorer le taux de reconnaissance correcte dans un système RAP et augmenter la qualité de la parole synthétisée.

Les résultats, avec d'une part la distinction des voyelles précédentes différentes par leur pente des transitions formantiques avec une consonne finale ou une semi-voyelle finale, et d'autre part, la symétrie des productions CV et VC dans la langue vietnamienne, nous permet de conclure le rôle important des pentes de transitions formantiques pour distinguer les voyelles dans le contexte CV. En d'autres mots, dans les productions CV, VC et VS, le dernier élément pourrait être perçu dès le début de leur transition formantique avec l'élément précédent. Nous pensons que ceci permettra d'améliorer le taux de reconnaissance correcte dans le système RAP du vietnamien, cependant il faudra intégrer les caractérisations des pentes des transitions formantiques dans les vecteurs acoustiques d'entrée du système.

Dans un système de synthèse de la parole par concaténation, le choix des unités acoustiques de synthèse et la mise en forme de la base de données de segments sont une des tâches cruciales. Ils influencent fortement sur la qualité de la production de parole. Pour un système de synthèse par concaténation orientée corpus, il est nécessaire de sélectionner la meilleure candidate parmi le grand nombre d'unités stockées. Pour cela, généralement, des informations de contexte sont associées à chaque unité et stockées dans la base de données. Nous proposons d'ajouter à ces informations de contexte, les caractéristiques de durée de la voyelle (longue et brève) et des pentes de transition formantique de la consonne finale occlusive. En effet, ces caractéristiques permettront d'améliorer le choix de l'unité et donc la qualité de la synthèse.

Particulièrement, dans un système de synthèse de la parole à partir du texte, l'estimation précise des durées segmentaires est un problème crucial pour obtenir des sons synthétiques naturels. Pour la langue vietnamienne, les modèles de durée des syllabes ont été construits en se basant non seulement sur les informations au niveau syllabique (identité et ton de la syllabe, contexte de la syllabe, position de la syllabe dans la phrase, longueur de la phrase), mais encore sur les analyses en unités phonétiques (phonèmes) [Tran, 2007]. La différence principale sur la durée entre les voyelles longues et brèves vietnamiennes obtenue dans nos études permettra de préciser et d'améliorer les modèles de durée des syllabes dans ce système.

ANNEXE

Annexe 1. Les tests statistiques ANOVA / MANOVA

L'analyse de la variance (**AN**alysis **O**f **Va**riance - ANOVA) est un test statistique permettant de savoir si les données à partir de plusieurs groupes ont une moyenne commune. Ce test s'applique lorsque que l'on mesure une ou plusieurs variables explicatives discrètes (appelées alors facteurs de variabilités, leurs différentes modalités étant appelées "niveaux") qui influence sur la distribution d'une variable continue à expliquer.

L'analyse de la variance à un facteur (appelé one-way ANOVA en l'anglais) est un cas particulier du modèle linéaire. Le modèle linéaire représente la relation entre une variable de réponse continue et une ou plusieurs variables prédictives sous la forme suivante :

$$y = X\beta + \varepsilon$$

où

- y est un vecteur avec n lignes des observations de la variable de réponse ;
- X est une matrice de taille (n, p) déterminée par les variable prédictives ;
- β est un vecteur avec p lignes des paramètres ;
- ε est un vecteur avec n lignes des erreurs aléatoires, indépendant, utilisant une distribution normale.

One-way ANOVA est appliqué lorsque que l'on souhaite prendre en compte deux facteurs de variabilité. La forme du modèle one-way ANOVA est :

$$y_{ij} = \alpha_{.j} + \varepsilon_{ij}$$

où :

- y_{ij} est la matrice des observations dans laquelle chaque colonne représente chaque groupe différent ;
- $\alpha_{.j}$ est la matrice dont ses colonnes représentent les valeurs moyenne des groupes différents (la notation "point j" signifie que α s'applique à toutes les lignes de la colonne j^{eme}, c'est-à-dire que la valeur α_{ij} est la même pour tous les i) ;
- ε_{ij} est la matrice des erreurs aléatoires.

Fondamentalement, le test divise la variance totale en éléments qui sont dus à une erreur aléatoire véritable et à la différence entre les moyennes. La signification statistique de chaque élément est ensuite testée. Si un élément est significatif, l'hypothèse nulle (ce qui n'a pas de différences moyennes entre les groupes dans la population) sera rejetée et les moyennes sont donc considérées comme différents les unes par rapport aux autres.

L'analyse de la variance multifactorielle (appelé N-way ANOVA ou MANOVA) est utilisée pour déterminer si les moyennes des groupes crées en regroupant des données selon des facteurs se diffèrent. Si c'est le cas, on peut déterminer quels facteurs ou quelles combinaisons des facteurs sont associées avec la différence.

Le MANOVA est une généralisation de one-way ANOVA. Pour les deux facteurs, le modèle du two-way ANOVA (l'analyse de la variance à deux facteur) est défini comme ci-dessous :

$$y_{ijk} = \mu + \alpha_{.j} + \beta_{i.} + \gamma_{ij} + \varepsilon_{ijk}$$

où la notation γ_{ij} représente l'interaction de deux facteurs.

Dans ce mémoire, les tests statistiques (one-way ANOVA et two-way ANOVA) ont été utilisés pour évaluer et estimer les résultats de mesure. Les deux fonctions anova1 (pour le test one-way ANOVA) et anova2 (pour le test two-way ANOVA) dans le logiciel Malab[5] ont été utilisées.

Nous présentons ici un exemple du test statistique one-way ANOVA que nous avons réalisé pour estimer le rôle de la pente de transition formantique de F2 afin de distinguer la série de voyelle longue et brève /a - ă/ dans le contexte de la même semi-voyelle finale /j/ (cf. le tableau 3-20 dans le paragraphe 3.2.3 du chapitre 3).

L'hypothèse dans ce test est que la pente de transition formantique de F2 joue un rôle significatif pour distinguer la série de voyelle longue et brève /a - ă/ dans le contexte de la même semi-voyelle finale /j/. Une matrice de taille (2, 40) a été crée où :

- la première colonne représente quarante valeurs de pente de transition formantique de F2 mesurées sur 40 syllabes /(b)aj/ (4 locuteurs x 10 répétitions par locuteur);
- la deuxième colonne représente quarante valeurs de pente de transition formantique de F2 mesurées sur 40 syllabes /(b)ăj/ (4 locuteurs x 10 répétitions par locuteur).

Le résultat de la fonction anova1 (voir le Tableau A 1-1) est comparé avec l'un des seuils significatifs 0.05, 0.01, 0.005 et 0.001 pour évaluer et estimer l'hypothèse. Dans ce cas, le test statistique a montré que l'hypothèse est vraie, c'est-à-dire que la pente de transition formantique de F2 joue un rôle significatif en distinguant la série de voyelle longue et brève /a - ă/ dans le contexte de la même semi-voyelle finale /j/ ([F(1, 78] = 14.22, avec p-valeur < 0.001]).

Tableau A 1-1 : Exemple du résultat du test statistique one-way ANOVA obtenu par la fonction anova1 dans le logiciel Malab

Source	SS	Df	MS	F	Prob > F
Columns	59078.4	1	59078.4	14.22	0.0003
Error	324169.5	78	4156		
Total	283247.9	79			

[5] http://www.mathworks.com/

Annexe 2. Le programme AntiEvol

Pour n'importe quelle forme du tube (représentée par sa fonction d'aire), les fonctions de sensibilité indiquent à quel point chaque formant répond à une perturbation locale de l'aire en fonction de la position de la perturbation du tube. Il montre que la forme de la fonction de sensibilité dépend de la forme du tube et, dans le cas du tube uniforme sans perte, c'est une demi-période de cosinus pour le premier formant [Ungeheuer, 1962 ; Schroeder, 1967 ; Fant and Pauli, 1974]. La Figure A 2-1 ci-dessous présente la fonction uniforme initiale du tube fermé - ouvert (voir Figure A 2-1(a)) et sa fonction correspondante de sensibilité pour le premier formant (voir Figure A 2-1(b)) [Carré, 2004].

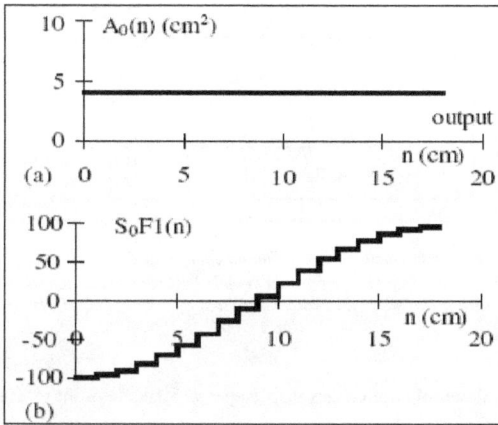

Figure A 2-1 :   (a) Fonction uniforme initiale du tube ferme - ouvert ; (b) Fonction correspondante de sensibilité pour le premier formant, d'après [Carré, 2004]

Un algorithme a été mis au point qui, à partir d'une forme quelconque du conduit vocal, effectue les opérations suivantes [Carré, 2004]:

- tout d'abord, il calcule les fréquences de résonance (les trois premiers formants : F1, F2 et F3) à partir du conduit initial $A_0(n)$;
- il calcule des fonction de perturbations images de la sensibilité de chacun des formants à une petit perturbation locale de la forme du conduit vocal $S_0F1(n)$, $S_0F2(n)$ et $S_0F3(n)$;
- à partir de ces fonctions, il modifie la forme du conduit pour augmenter ou diminuer la fréquence d'un formant donne :

$$A_{i+1}(n) = A_i(n).[1 + k_1(n).S_iF1(n) + k_2(n).S_iF2(n) + k_3(n).S_iF3(n)]$$
$$0 < i < j ; 0 < n \le m$$

où :

- o $A_i(n)$ est la section d'aire en centimètre carres, n = la position de la section le long du conduit vocal (n = 0, correspond la source vocale et l'extrémité du conduit est à n = m) ;
- o $S_iF1(n)$, $S_iF2(n)$ et $S_iF3(n)$ sont, respectivement, la variation de fréquence des formants F1, F2 et F3 pour une perturbation de A_i a la position (n) ;
- o $k_1(n)$, $k_2(n)$ et $k_3(n)$ sont, respectivement, une constante positive ou négative selon la direction choisie pour la variation de la fréquence du formant considéré F1, F2 et F3.

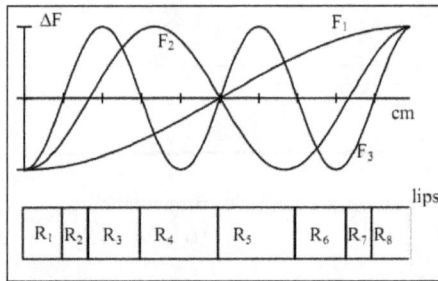

Figure A 2-2 : Les fonctions de sensibilité (ΔF) d'un tube uniforme ferme-ouvert pour les trois premiers formants (partie supérieure) et les huit régions du modèle DRM correspondent aux zéro-crossing de la fonction de sensibilité [Mrayati et al., 1988 ; Carré and Mrayati, 1992 ; Carré and Mody, 1997 ; Carré, 2004]

Pour chaque nouvelle configuration, les trois étapes précédentes sont répétées récursivement jusqu'à obtention de valeurs extrêmes pour chacun des formants (avec les configurations associées). En bref, à partir d'une forme initiale quelconque, l'algorithme trouve automatiquement la maximisation du contrast acoustique fréquences de formant.

Le modèle DRM (Distinctive Region Model), proposé en 1988 par [Mrayati et al., 1988], structure le conduit vocal en régions, dont les limites correspondent aux zéro-crossing de la fonction de sensibilité calculée sur un tube uniforme ferme-ouvert (voir Figure A 2-2).

Le DRM est un modèle :

- à quatre régions quand les deux premiers formants (F1 et F2) sont commandés ;
- à huit régions quand les trois premiers formants (F1, F2 et F3) sont commandés.

La Figure A 2-3 ci-dessous présente les régions obtenues dans le conduit vocal : R_8 (avec l'effet de rayonnement) correspondant aux lèvres ; R_7 aux dents ; R_3, R_4, R_5, R_6 à la langue ; et R_1 au larynx. Pour la production des voyelles, le tube DRM fermé - ouvert prévoit la constriction avant (R_5 et R_6) et la constriction arrière (R_3 et R_4) tandis que le tube fermé - fermé prévoit la constriction centrale (R_4 et R_5). Pour la production des consonnes, le modèle

DRM utilise les trois principales places d'articulation prévues : la labial R_8, la coronal R_6 et la vélaire R_5.

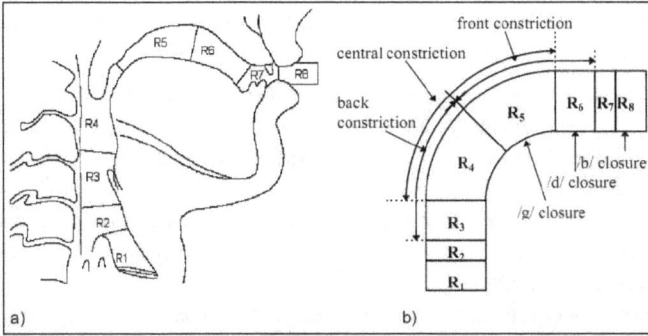

Figure A 2-3 : (a) Conduit vocal, d'après [Perkell, 1969] ; (b) les huit régions du modèle DRM [Carré and Mrayati, 1992 ; Carré and Studdert-Kennedy, 1998]

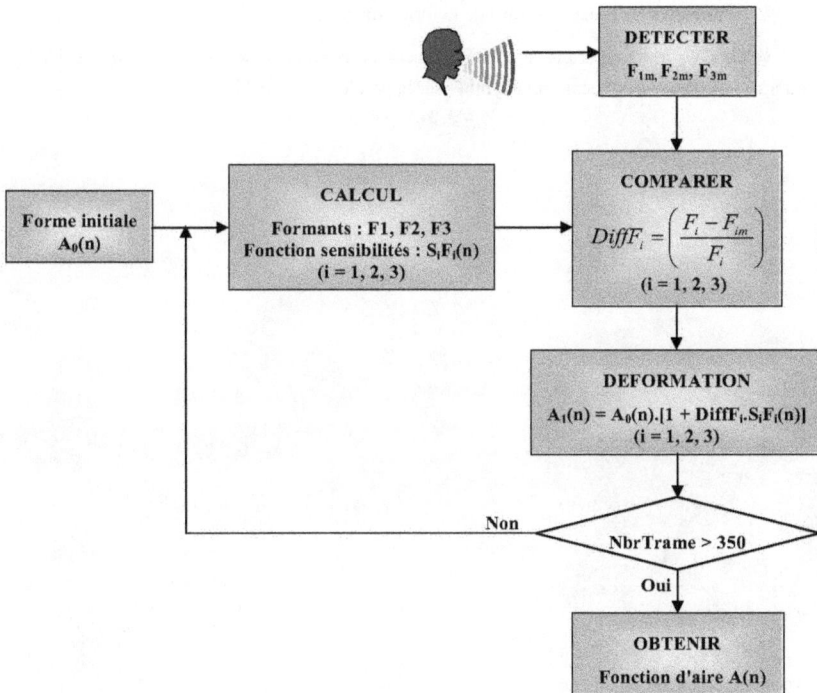

Figure A 2-4 : Obtenir la fonction d'aire de la base de données dans le programme AntiEvol

Afin de synthétiser la parole par le modèle anthropomorphique du conduit vocal SMART (Synthesis with a Model of Anthropomorphic Regions and Tracts, cf. Annexe 3), nous avons besoin de savoir la forme du conduit vocal en fonction de la position des organes phonatoire (langue, mâchoire et lèvres). Nous appliquons donc l'algorithme ci-dessus pour obtenir la fonction d'aire de la base de données (programme AntiEvol) comme précisé dans la Figure A 2-4 ci-dessus :

(1) tout d'abord, on a un conduit initial représenté par sa fonction d'aire $A_0(n)$;

(2) le programme calcule les fréquences de résonance F_1, F_2 et F_3 et les fonctions des sensibilités de chacun des formants $S_0F1(n)$, $S_0F2(n)$ et $S_0F3(n)$ à partir du conduit initial ;

(3) il calcul la différence $(DiffF_i)$ respectivement entre les fréquences de résonance $(F_1, F_2$ et $F_3)$ avec les trois premiers formants (F_{1m}, F_{2m}, F_{3m}) qui sont été détectés à partir de la parole naturelle ;

(4) le programme déforme la forme du conduit par l'équation :

$$A_1(n) = A_0(n).[1 + DiffF_i.S_iF_i(n)]$$

(5) les trois étapes (2, 3, 4) sont répétées jusqu'à 350 fois. Le programme donnera les paramètres (la fonction d'aire) de la forme du conduit.

Ces valeurs de fonction d'aire sont été utilisées pour commander le programme SMART (commander le conduit vocal) pour synthétiser la parole.

Annexe 3. Le programme SMART

Le programme SMART (Synthesis with a Model of Anthropomorphic Regions and Tracts) est basé sur la modélisation anthropomorphique de la parole [Castelli, 1989, 1999] et simule le fonctionnement physique du système de production de parole. Un modèle articulatoire reconstitue d'abord un système subglottique (poumons), les cordes vocales et le conduit vocal qui inclut le conduit oral et le conduit nasal (connecté au conduit oral par la position du velum) (voir Figure A 3-1). Le signal vocal est ensuite calculé à l'aide d'une simulation mathématique de l'écoulement de l'air dans le conduit ainsi délimité.

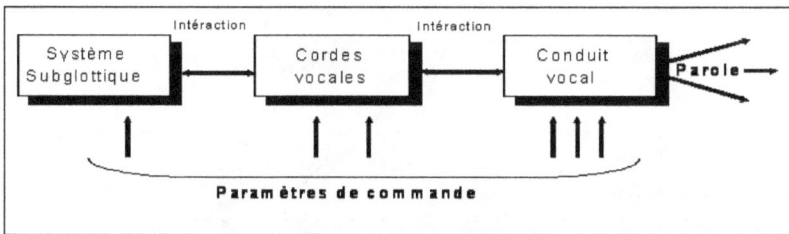

Figure A 3-1 : Modélisation anthropomorphique de la parole

Le synthétiseur SMART qui produit la parole par modélisation anthropomorphique est commandé par la description demi-centimètre par demi-centimètre de la forme du conduit oral.

Toutefois, afin d'obtenir cette description spatiale et géométrique, sans utiliser les images radiographiques pour évaluer la forme du conduit vocal quand chaque voyelle ou consonne est prononcée (et puis en mesurant manuellement la section d'aire et la longueur du conduit vocal), ce modèle acoustico-physique doit être couplé avec un modèle géométrique [Castelli, 1999].

Celui-ci peut-être un modèle articulatoire statistique, obtenu en utilisant la technique de traitement des images sur un très grand nombre de photos radiographiques ou de vidéos du conduit vocal [Maeda, 1982]. Il peut donc inférer la géométrie du conduit vocal à partir de la position des articulateurs (langue, mâchoire, lèvres).

Notre originalité et notre approche résident dans le remplacement du modèle articulatoire statistique par le modèle DRM. Nous utilisons le modèle DRM avec huit régions (de R_1 à R_8) pour générer (commander) la forme du conduit vocal (voir Figure A 3-2). Dans ce cas, pour commander le synthétiseur SMART, seulement douze paramètres sont nécessaires : Ps (énergie), Q (tension des cordes vocales), Ag0 (aire glottique), huit régions de la géométrie (de R_1 à R_8) et la position du velum.

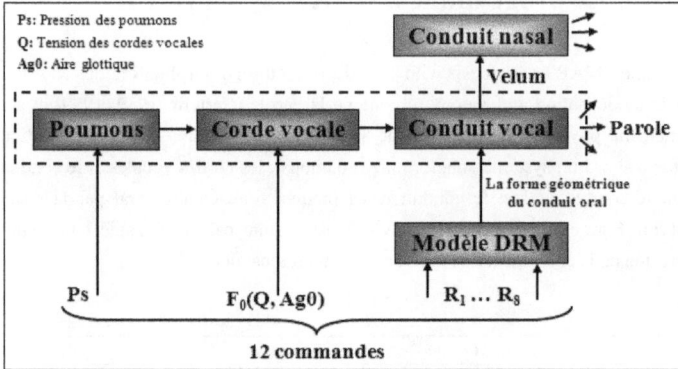

Figure A 3-2 : Commander le SMART par le modèle DRM

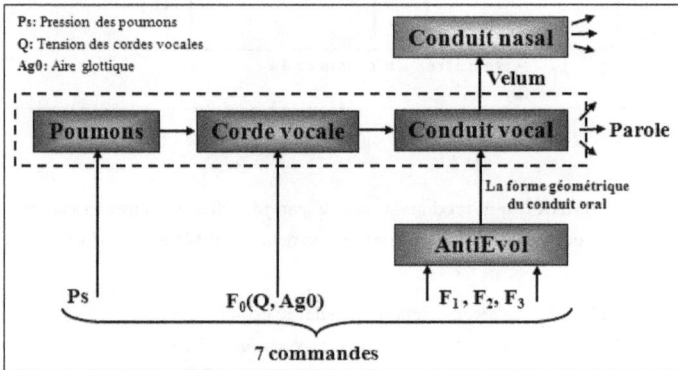

Figure A 3-3 : Commander le SMART par le programme AntiEvol

Par ailleurs, nous utilisons également le programme AntiEvol qui donne la forme du conduit vocal à partir des valeurs des trois premiers formants, pour remplacer le modèle articulatoire (voir Figure A 3-3). Dans ce cas, le synthétiseur SMART est commandé uniquement par sept paramètres de commande : Ps (énergie), Q (tension des cordes vocales), Ag0 (aire glottique), trois premiers formants (F1, F2, F3) et la position du velum.

PUBLICATIONS

Revues scientifiques

Nguyen, V.S.; Castelli, E.; Carré, R.: *Locus equation for final stop consonants /p, t, k/ in Vietnamese*. SpeechCom (2009) (**revue, en cours de soumission**).

Actes de conférences

Nguyen, V.S.; Castelli, E.: *A speech coding method using an anthropomorphic and acoustic approach*; The proceeding of the 10th conference of oriental chapter of the international coordinating committee on speech database and speech I/O system assessment (O-COCOSDA 2007), pp. 155-159 (Hanoi, Vietnam 2007).

Nguyen, V.S.; Carré, R.; Castelli, E.: *Production and perception of Vietnamese short vowels*; Acoustical Society of America Meeting, pp. 3509-3514 (Paris 2008a).

Nguyen, V.S.; Castelli, E.; Carré, R.: *Locus equation for final stop voiceless consonants /p, t, k/ in Vietnamese language*; Proceedings of the Empirical Methods for Asian Language Processing workshop, pp. 123-132 (Pacific Rim International conference on Artificial Intelligence (PRICAI), Hanoi, Vietnam 2008b).

Nguyen, V.S.; Carré, R.; Castelli, E.: *Vietnamese final stop consonants /p, t, k/ described in terms of formant transition slopes*; International Conference on Asian language processing (IALP 2009) (Singapore 2009). (**IEEE, accepté**).

BIBLIOGRAHIE

Al-Ani, S.: Arabic phonology. Janua Linguarum Series Practica *61, The Hague / Paris: Mouton* (1970).

Barnett, J.; Bamberg, P.; Held, M.; Huerta, J.; Manganaro, L.; Weiss, A.: Comparative performance in large - vocabulary isolated-word recognition in five european languages; EuroSpeech'95, pp. 189-192 (1995).

Belkaid, Y.: Les voyelles de l'arabe littéraire moderne. Analyse spectrographique. Travaux de l'Institut de Phonétique de Strasbourg *16*: 217-240 (1984).

Bladon, R.A.W.; Al-Bamerni, A.: Co-articulation resistance in English /l/. Journal of Phonetics *4*: 137-150 (1976).

Brunelle, M.: Tone coarticulation in northern Vietnamese; Proceeding of 15th International Conference of Phonetic Sciences, pp. 2673-2676 (Barcelona 2003).

Brunelle, M.: Northern and southern Vietnamese tone coarticulation: A comparative case study. Journal of the Southeast Asian Linguistics Society: 11-24 (2008).

Brunelle, M.: Tone perception in northern and southern Vietnamese. Journal of Phonetics *37*: 79-96 (2009).

Brunelle, M.; Jannedy, S.: Social effects on the perception of Vietnamese tones; ICPhS XVI, pp. 1461-1464 (Saarbrucken 2007).

Byrd, D.: Articulatory timing in English consonant sequences; Working Paper in Phonetics (UC Los Angeles : Department of Linguistics UCLA 1994).

Cantineau, J.: Études de linguistique arabe (Ed. Librairie C. Klincksieck, Paris 1960).

Carré, R.: From acoustic tube to speech production. Speech Communication *42*: 227-240 (2004).

Carré, R.: Production and perception of v1v2 described in terms of formant transition rates; Proceedings of the Acoustical Society of America Meeting, pp. 2339-2344 (Paris 2008).

Carré, R.; Mody, M.: Prediction of vowel and consonant place of articulation; in Coleman, Proceeding of the Third Meeting of the ACL Special Interest Group in Computational Phonology, SIGPHON 97, pp. 26-32 (Madrid 1997).

Carré, R.; Mrayati, M.: Distinctive regions in acoustic tubes. Speech production modelling. Journal Acoustique *5*: 141-159 (1992).

Carré, R.; Studdert-Kennedy, M.: The origin of speech gesture; The evolution of language. 2nd International Conference (London 1998).

Castelli, E.: Caractérisation acoustique des voyelles nasales du français; Mémoire de doctorat, ICP - CNRS / INPG / Stendhal, p. 180 (Insitute national polytechnique de Grenoble, Grenoble, France 1989).

Castelli, E.: Modélisation anthropomorphique de la parole; Mémoire d'Habilitation à Diriger des Recherches (1999).

Castelli, E.; Carré, R.: Production and perception of Vietnamese vowels; InterSpeech-EuroSpeech, pp. 2881-2884 (Lisbon 2005).

Castelli, E.; Hierholtz, A.: "Locus equation" Pour les consonnes /b/, /d/ et /v/ du vietnamien; Actes des XXVIes journées d'études sur la parole, pp. 73-76 (Disnard 2006).

Catford, J.C.: A practical introduction to phonetics (Clarendon Press, Oxford 1988).

Celdran, E.M.; Villalba, X.: Locus equations as a metrics for place of articulation in automatic speech recognition; in Elenius; Branderud, Proc. of the XIIIth Int. Cong. of Phonetic Sciences, pp. 30-33 (Stockholm 1995).

Chennoukh, S.; Carré, R.; Lindblom, B.: Locus equations in the light of articulatory modeling. J. Acoust. Soc. Am. *102*: 2380-2389 (1997).

Cooper, F.S.; Delattre, P.; Liberman, A.M.; Borst, J.M.; Gerstman, L.J.: Some experiments on the perception of synthetic speech sounds. J. Acoust. Soc. Am. *24*: 597-606 (1952).

Delattre, P.C.; Liberman, A.M.; Cooper, F.S.: Acoustic loci and transitional cues for consonants. J. Acoust. Soc. Am. *27*: 769-773 (1955).

Delattre, P.C.; Liberman, A.M.; Cooper, F.S.; Gerstman, L.J.: An experimental study of the acoustic determinant of vowel color ; observation on one- and two-formant vowels synthesized from spectrographic patterns. Word *8*: 195-210 (1952).

Divenyi, P.; Lindblom, B.; Carré, R.: The role of transition velocity in the perception of v1v2 complexes; in Elenius; Branderud, Proceedings of the XIIIth Int. Congress of Phonetic Sciences, pp. 258-261 (Stockholm 1995).

Do, T.D.: Accent et ton en vietnamien; Speech Research '89, pp. 330-334 (Budapest 1989).

Doan, T.T.: Ngữ âm tiếng Việt (Vietnamese phonetics) (Hanoi National University Publishing House 1999).

Dorman, M.F.; Studdert-Kennedy, M.; Raphael, L.J.: Stop-consonant recognition: Release bursts and formant transitions as functionally equivalent, context-dependent cues. Perception & Psychophysics *22*: 109-122 (1977).

Fant, G.; Pauli, S.: Spatial characteristics of vocal tract resonance modes; Proceedings of the Speech Communication Seminar, pp. 121-132 (Almqvist & Wiksell, Stockholm 1974).

Gay, T.: Effect of speaking rate on vowel formant movements. J. Acoust. Soc. Am. *63*: 223-230 (1978).

Ghazali, S.: Du statut des voyelles en arabe; Analyses théories, Études arabes Nos.2-3, pp. 199-219 (1979).

Han, M.: The feature of duration in Japanese. Onsei no Kenkyuu *10*: 65-80 (1962).

Han, M.S.; Kim, K.: Phonetic variation of Vietnamese tones in disyllabic utterances. Journal of Phonetics *2*: 223-232 (1974).

Harris, K.S.; Hoffman, H.F.; Liberman, A.M.; Delattre, P.C.; Cooper, F.S.: Effect of third-formant transitions on the perception of the voiced stop consonants. J. Acoust. Soc. Am. *30*: 122-126 (1958).

Haudricourt, A.G.: Les voyelles brèves du vietnamien (Bulletin de la société de Linguistique de Paris, Paris 1952).

Haudricourt, A.G.: La place du vietnamien dans les langues austro-asiatiques. Bulletin de la Société de Linguistique de Paris *1* (1953).

Haudricourt, A.G.: De l'origine des tons en vietnamiens. Journal Asiatique *242*: 69-82 (1954).

Hirata, Y.: Relational acoustic invariance in Japanese vowel length distinction; From sound to sense, pp. 145-150 (Massachusetts Institute of Technology (MIT) 2004).

Hoang, T.; Hoang, M.: Remarques sur la structure phonologique du vietnamien (Études vietnamiennes, Hanoi 1975).

Joos, M.: "Acoustic phonetic," In language monograph (L.S. of America (Waverly, Baltimore) 1948).

Keller, E.; Bailly, G.; Monaghan, A.; Terken, J.M.; Huckvale, M.: Toward greater naturalness: Future directions of research in speech synthesis (2002).

Kent, R.D.; Moll, K.L.: Vocal-tract characteristics of the stop cognates. J. Acoust. Soc. Am. *46*: 1549-1555 (1969).

Klatt, D.H.: Synthesis by rule of consonant-vowel syllables; Speech Communication Group Working Paper 3, pp. 93-104 (MIT, Cambridge, MA 1979).

Klatt, D.H.: Review of text-to-speech conversion for english. J. Acoust. Soc. Am. *82*: 737-1099 (1987).

Kochetov, A.: Syllable position effects and gestural organization : Articulatory evidence from russian (Berlin, New York (Mouton de Gruyter) 2002).

Kondo, Y.: Production of schwa by Japanese speaker of English: A crosslinguistic study of co-articulatory strategies; (University of Edinburgh UK, 1995).

Koopmans-van Beinum, F.J.: Vowel contrast reduction, an acoustic and perceptual study of Dutch vowels in various speech conditions; (University of Amsterdam, 1980).

Kozhevnikov, V.; Chistovich, L.: Articulation and perception (Springfield : US departement of commerce 1965).

Krull, D.: Acoustic properties as predictors of perceptual responses: A study of Swedish voiced stops. Perilus *VII*: 66-70 (1988).

Krull, D.: Second formant locus pattern and consonant-vowel co-articulation in spontaneous speech. Perilus *X*: 87-108 (1989).

Le, V.L.: Le parler vietnamien (Imp. éd. Huong Anh - Paris 1948).

Liberman, A.M.; Delattre, P.C.; Cooper, F.S.; Gerstman, L.J.: The role of consonant vowel transitions in the perception of the stop and nasal consonants. Psychological Monographs *68*: 1-13 (1954).

Lindblom, B.: On vowel reduction; (The Royal Institute of Technology, Speech Transmission Laboratory, Stockholm 1963a).

Lindblom, B.: Spectrographic study of vowel reduction. J. Acoust. Soc. Am. *35*: 1773-1781 (1963b).

Lindblom, B.; Studdert-Kennedy, M.: On the role of formant transitions in vowel perception. J. Acoust. Soc. Am. *42*: 830-843 (1967).

Lisker, L.: Minimal cues for separating /w, r, l, y/ in intervocalic position. Word *13*: 257-267 (1957).

Maeda, S.: A digital simulation method of vocal tract system. SpeechCommunication *1*: 199-229 (1982).

Michaud, A.: Final consonants and glottalization: New perspectives from Hanoi Vietnamese. Phonetica *61*: 119-146 (2004).

Moon, J.S.; Lindblom, B.: Interaction between duration, context and speaking style in English stressed vowels. J. Acoust. Soc. Am. *96*: 40-55 (1994).

Mrayati, M.; Carré, R.; Guérin, B.: Distinctive regions and modes: A new theory of speech production. Speech Communication *7*: 257-286 (1988).

Nearey, T.M.: Static, dynamic, and relational properties in vowel perception. J. Acoust. Soc. Am. *85*: 2088-2113 (1989).

Nearey, T.M.; Shammass, S.E.: Formant transitions as partly distinctive invariant properties in the identification of voiced stops. Can. Acoust. *15 (4)*: 17-24 (1987).

Nguyen, H.Q.: Ngữ pháp tiếng Việt (vietnamese grammar) (Encyclopedia Publishing House 2007).

Nguyen, Q.C.: Reconnaissance de la parole en langue vietnamienne; INP-Grenoble dissertation (Institut national polytechnique de Grenoble, France 2002).

Nguyen, T.T.H.: Contribution a l'étude de la prosodie du vietnamien. Variations de l'intonation dans les modalités : Assertive, interrogative et impérative; (Doctorat de Linguistique Théorique, Formelle et Automatique, 2004a).

Nguyen, V.S.: Vietnamese continuous speech recognition; (Master thesis, Hanoi university of Technology, Hanoi - Vietnam 2004b).

Nguyen, V.S.; Carré, R.; Castelli, E.: Production and perception of Vietnamese short vowels; Acoustical Society of America Meeting, pp. 3509-3514 (Paris 2008).

Perkell, J.: Physiology of speech production. Results and implications of a quantitative cineradiographic study (The MIT Press, Cambridge 1969).

Peterson, G.E.; Barney, H.L.: Control methods used in the study of the vowels. J. Acoust. Soc. Am. *24*: 175-184 (1952).

Rabiner, L.: Fundamentals of speech recognition (Prentice Hall 1993).

Schroeder, M.R.: Determination of the geometry of the human vocal tract by acoustic measurements. J. Acoust. Soc. Am. *41*: 1002-1010 (1967).

Stevens, K.N.; House, A.S.: Perturbation of vowel articulations by consonantal context: An acoustical study. Journal of Speech and Hearing Research *6*: 111-128 (1963).

Strange, W.: Dynamic specification of coarticulated vowels spoken in sentence context. J. Acoust. Soc. Am. *85*: 2135-2153 (1989a).

Strange, W.: Evolving theories of vowel perception. J. Acoust. Soc. Am. *85*: 2081-2087 (1989b).

Strange, W.; Jenkins, J.J.; Johnson, T.L.: Dynamic specification of coarticulated vowel. J. Acoust. Soc. Am. *74*: 695-705 (1983).

Strange, W.; Verbrugge, R.R.; Shankweiller, D.P.; Edman, T.R.: Consonant environment specifies vowel identity. J. Acoust. Soc. Am. *60*: 213-224 (1976).

Sussman, H.M.: Neural coding of relational invariance in speech: Human language analogs to barn owl. Psychol. Rev. *96*: 631-642 (1989).

Sussman, H.M.: The phonological reality of locus equations across manner class distinctions: Preliminary observations. Phonetica *51*: 119-131 (1994).

Sussman, H.M.; Hoemeke, K.; Ahmed, F.: A cross-linguistic investigation of locus equations as a relationally invariant descriptor for place of articulation. J. Acoust. Soc. Am. *94*: 1256-1268 (1993).

Sussman, H.M.; Hoemeke, K.; McCaffrey, H.A.: Locus equations as an index of coarticulation for place of articulation distinctions in children. Journal of Speech and Hearing Research *35*: 769-781 (1992).

Sussman, H.M.; McCaffrey, H.A.; Matthews, S.A.: An investigation of locus equations as a source of relational invariance for stop place categorization. J. Acoust. Soc. Am. *90*: 1309-1325 (1991).

Sussman, H.M.; Shore, J.: Locus equation as phonetic descriptors of consonantal place of articulations. Percept. Psychophys *58*: 936-946 (1996).

Tabain, M.; Breen, G.; Butcher, A.: VC vs CV syllables: A comparison of aboriginal languages with English. Journal of the International Phonetic Association (2003).

Thompson, L.C.: A Vietnamese grammar (University of Washington Press, Seattle 1965).

Thurgood, G.: The origins of tone in Vietnamese: Revising the model and analysis; XXXII International Conference of Sino-Tibetan language and linguistics (Urbana - Champaign 1999).

Tran, D.D.: Synthèse de la parole a partir du texte en langue vietnamienne; INP-Grenoble dissertation, p. 248 (Institut national polytechnique de Grenoble, Grenoble - France 2007).

Tran, D.D.; Castelli, E.; Serignat, J.F.; Trinh, V.L.; Le, X.H.: Influence of f0 on Vietnamese syllable perception; InterSpeech - EuroSpeech, pp. 1697-1700 (Lisbon, Portugal 2005).

Tsukada, K.: An acoustic phonetic analysis of Japanese-accented English; (PhD thesis, Macquarie University, Sydney, Australia 1999).

Tuller, B.; Kelso, J.A.S.: Phase transitions in speech production and their perceptual consequences; in Jeannerod, Attention and performance xiii, pp. 429-452 (Lawrence Erlbaum Associates, Hillsdale, NJ 1990).

Turk, A.: Articulatory phonetic clues to syllable affiliation : Gestural characteristics of bilabial stops (Phonological Structure and Phonetic Form : Papers in Laboratory Phonology III CUP, Cambridge, UK 1994).

Ueyama, M.: Prosodic transfer: An acoustic study of L2 English vs. L2 Japanese, p. 195 (PhD thesis, University of California, Los Angeles 2000).

Ungeheuer, G.: Elemente einer akustischen theory der vokalarticulation (Springer-Verlag, Berlin 1962).

Vu, B.H.: Les caractéristiques fondamentales des tons vietnamiens dans leur etat statique; (1999).

Vu, B.H.: Đặc trưng của thanh điệu tiếng việt trong ngữ cảnh vi mô trên cơ sở của cứ liệu thực nghiệm; Tiếng Việt và một số ngôn ngữ dân tộc trên bình diện ngữ âm, pp. 327-350 (2000).

Vu, T.P.: Phonetic properties of Vietnamese tones across dialects; South East Asian linguistics, pp. 55-75 (Edited by David Bradley, Sydney: Australia National University 1982).

Yeou, M.: Locus equations and the degree of coarticulation of arabic consonants. Phonetica *54*: 187-202 (1997).

Znagui, I.: Études phonétique et perceptive des voyelles de l'arabe standard moderne, p. 250 (Phd thesis, Université Paris III, Paris 1995).

MoreBooks!
publishing

mb!

yes

Oui, je veux morebooks!

i want morebooks!

Buy your books fast and straightforward online - at one of world's fastest growing online book stores! Environmentally sound due to Print-on-Demand technologies.

Buy your books online at

www.get-morebooks.com

Achetez vos livres en ligne, vite et bien, sur l'une des librairies en ligne les plus performantes au monde!
En protégeant nos ressources et notre environnement grâce à l'impression à la demande.

La librairie en ligne pour acheter plus vite

www.morebooks.fr

VSG

VDM Verlagsservicegesellschaft mbH
Heinrich-Böcking-Str. 6-8   Telefon: +49 681 3720 174   info@vdm-vsg.de
D - 66121 Saarbrücken   Telefax: +49 681 3720 1749   www.vdm-vsg.de

www.ingramcontent.com/pod-product-compliance
Lightning Source LLC
Chambersburg PA
CBHW021104210326
41598CB00016B/1316